MIX
Papier aus verantwortungsvollen Quellen
Paper from responsible sources
FSC® C105338

Haftungsausschluss:

Die Ratschläge im Buch sind sorgfältig erwogen und geprüft. Alle Angaben in diesem Buch erfolgen ohne jegliche Gewährleistung oder Garantie seitens des Autors und des Verlags. Die Umsetzung erfolgt ausdrücklich auf eigenes Risiko. Eine Haftung des Autors bzw. des Verlags und seiner Beauftragten für Personen-, Sach- und Vermögensschäden oder sonstige Schäden, die durch die Nutzung oder Nichtnutzung der Informationen bzw. durch die Nutzung fehlerhafter und/oder unvollständiger Informationen verursacht wurden, ist ausgeschlossen. Verlag und Autor übernehmen keine Haftung für die Aktualität, Richtigkeit und Vollständigkeit der Inhalte, ebenso nicht für Druckfehler. Es kann keine juristische Verantwortung sowie Haftung in irgendeiner Form für fehlerhafte Angaben und daraus entstehende Folgen von Verlag bzw. Autor übernommen werden.

Sollte diese Publikation Links auf Webseiten Dritter enthalten, so übernehmen wir für deren Inhalte keine Haftung, da wir uns diese nicht zu eigen machen, sondern lediglich auf deren Stand zum Zeitpunkt der Erstveröffentlichung verweisen.

Bibliografische Informationen der Deutschen Nationalbibliothek

Die Deutsche Nationalbibliothek verzeichnet diese Publikation in der Deutschen Nationalbibliografie; detaillierte bibliografische Daten sind im Internet über http://dnb.dnb.de abrufbar.

1. Auflage
© 2023 by Remote Verlag, ein Imprint der Remote Life LLC,
Oakland Park, US
Alle Rechte vorbehalten. Vervielfältigung, auch auszugsweise, nur mit schriftlicher Genehmigung des Verlags.

Redaktion: Isabelle Müller
Lektorat und Korrektorat erfolgte durch den Remote Verlag
Umschlaggestaltung: Verena Klöpper
Satz und Layout: Verena Klöpper
Illustrationen: Cover, Startseite und S. 6, S. 12, S. 198: Chipolla auf depositphotos, restliche Illustrationen: Verena Klöpper

ISBN Print: 978-1-955655-67-5
ISBN E-Book: 978-1-955655-68-2

www.remote-verlag.de

DIANA DAWN KAVIAN

KOMPROMISSLOS
GLÜCKLICH

AUS DER EINSAMKEIT IN DIE
SELBSTLIEBE

www.remote-verlag.de

Inhalt

Vorwort	8
Ist diese Lektüre etwas für dich?	12
The Happy Pressure – Über den Druck, glücklich sein zu müssen	22
Einsamkeit als spiritueller Retreat	40
Bewusstseinsarbeit Nr. 1: Wie du einen Altar für deine Transformation errichtest	48
Bewusstseinsarbeit Nr. 2: Lass uns über deinen Schmerz sprechen	52
Was sind eigentlich Eltern?	56
Bewusstseinsarbeit Nr. 3: Werkzeug zur emotionalen Befreiung	62
Bewusstseinsarbeit Nr. 4: Deine Wunden durch Vergebung heilen	70
Bewusstseinsarbeit Nr. 5: Wie kann dir deine Erfahrung dienlich sein?	78
Bewusstseinsarbeit Nr. 6: Gewohnheiten, Verstrickungen und Glaubensmuster aufdecken	88
Bewusstseinsarbeit Nr. 7: Wie erklärst du dir deine Welt?	94
Warum will dich keiner? Was stimmt mit dir nicht?	100

Bewusstseinsarbeit Nr. 8:
Was macht dich so besonders? — 102

Bewusstseinsarbeit Nr. 9:
Den sakralen Raum betreten — 114

Bewusstseinsarbeit Nr. 10:
Was denkst du über Liebe? — 120

Dein System upgraden — 128

Bewusstseinsarbeit Nr. 11:
Die Identifikation – Wer bin ich? — 138

Bewusstseinsarbeit Nr. 12:
Die Verschiebung der Perspektive — 144

Bewusstseinsarbeit Nr. 13:
Begegnung mit den Schatten — 158

Das Vergnügen, die Freude und das Glück — 166

Bewusstseinsarbeit Nr. 14:
Wie du das Einssein im Alltag üben kannst — 172

Du kannst deine Vergangenheit verändern — 174

Bewusstseinsarbeit Nr. 15:
Verändere deine Vergangenheit — 182

Bewusstseinsarbeit Nr. 16:
Verkörpere deinen Avatar — 188

Kompromisslos glücklich – das Finale — 198

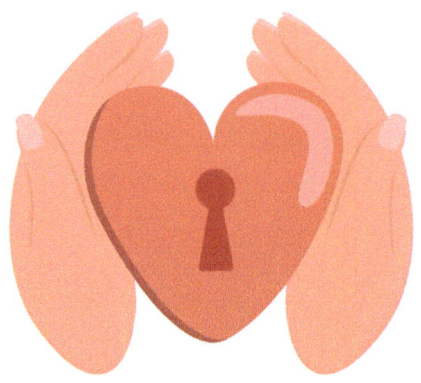

**Dieses Buch
widme ich
meinem Sohn Kian.
Ohne dich
wüsste ich nicht,
wie viel Kraft
und Liebe in uns
Menschen steckt.**

Vorwort

Vorwort

Liebe Leserin,

betrachte dieses Buch als eine Einladung an dich. Du bist dazu eingeladen, deine Sicht auf dein Singledasein und deine Einsamkeit zu verändern.

Gleichzeitig möchte ich dich ermutigen, deine Einsamkeit nicht länger zu fürchten. Denn Einsamkeit und Furchtlosigkeit sind die Orte, an denen deine ultimative Macht und die Kraft zur Transformation entstehen.

Begegne der Einsamkeit nicht mit dem Gefühl der Ohnmacht. Sie ist nur eine scheinbare Hürde. Hol dir deine Macht zurück, indem du der Einsamkeit mutig begegnest. Das ist der einzige Weg, sie zu überwinden. Tauchst du in die Wahrheit ein, in das, was in deiner Seele wirklich vor sich geht, hat nichts und niemand mehr Macht über dich. Beginnst du dann, deine neu gewonnenen Einsichten zu verkörpern, befreist du dich.

»Meine Einsamkeit eröffnet mir den Weg in die Freiheit!« Präge dir diesen Satz als Mantra ein und mache ihn dir bewusst. Dieses Bewusstsein ist stärker als die Geschichten, die dich in deiner Einsamkeit halten. Mit der Zeit wirst du deine Vergangenheit ins rechte Licht setzen. Deine Klarheit wird dein Bewusstsein erneuern und die Transformation deine Zellen durchdringen.

Es macht einen entscheidenden Unterschied, ob du dich als Opfer der Umstände betrachtest oder ob du aus eigener Macht agierst.

Möchtest du dich weiterhin zur Wehr setzen und dir selbst im Wege stehen, oder möchtest du dir bewusst eine neue Denkweise und einen neuen Zugang zur Wirklichkeit erschaffen? Hast du dich nicht lange genug gewehrt? Gib deinen Widerstand auf und beschreite einen neuen machtvollen

Weg in deine Schaffenskraft. Lass jetzt zu, dass deine Einsamkeit dir den Weg in die Freiheit ebnet.

Dieses Buch wird dich mit auf eine Reise nehmen, in Begleitung von Spiritualität und Bewusstsein. Ich möchte dich dabei unterstützen, jenseits eines dualistischen Weltbilds zu sehen und zu gehen.

Im Fall der Einsamkeit ist ein dualistisches Weltbild die Gewohnheit, unsere Erfahrung als gut oder schlecht zu beurteilen.

Wir haben eine unbewusste Neigung dazu, über alles zu urteilen, indem wir unsere Erfahrungen durch den Filter vergangener Ereignisse und vorgefasster Meinungen sehen. Von dem Moment an, wo wir misshandelt oder zurückgewiesen werden, beginnt das Urteilen über uns selbst, unser Aussehen, unser Verhalten, unsere Qualitäten als Mensch und über alles Weitere, was uns im Leben begegnet.

Unsere Urteile basieren überwiegend auf einer imaginären Idee von Perfektion. Es gibt in unseren Köpfen eine ideale Beziehung und einen idealen inneren Zustand. Wir empfinden es als schlecht, dass wir diese Perfektion im Moment nicht erleben.

Du kannst einen dritten Weg, jenseits der Dualität, wählen. Einen Weg, der weder nach links noch rechts führt, auf dem du deine Erfahrungen auf dieser Erde in ihrer Neutralität und als Chance zum Wachstum betrachtest. Die Selbstliebe wird die Brücke sein. Die Brücke zwischen dir als Mensch und grenzenloses, göttliches Wesen.

Du selbst wirst am Ende deiner Reise deine unantastbare Göttlichkeit verkörpern dürfen.

Dies ist meine Einladung an dich.

Much love
Diana Dawn Kavian

Vorwort

Ist diese Lektüre etwas für dich?

Wenn du glaubst, dass dein Glück außerhalb von dir liegt, dass deine Lebensfreude von einem neuen, perfekten Partner abhängt, dann suchst du vergeblich. Glück hat seine Ursache in deinem Inneren.

Als einsamer Single das kompromisslose Glück zu erlangen, bedeutet, ehrlich mit dir selbst zu werden. Es bedeutet, dein Inneres zu untersuchen und zu hinterfragen.
 Dich selbst genauer zu betrachten, kann Mängel und Schwächen ans Tageslicht bringen. Deine Situation mag nach genauerer Untersuchung wie ein hoffnungsloser Einzelfall erscheinen. Diesen engen Blickwinkel gilt es zu sprengen, um in das Land der Grenzenlosigkeit zu gelangen. Dort wirst du dich und die Wirklichkeit deiner Situation in einem ganz neuen Licht sehen.

Das Wichtigste ist, dass du deine Situation genau betrachtest und dich mithilfe der praktischen Übungen von deinen Altlasten befreist. Deine Offenheit, Ehrlichkeit und dein Mut spielen dabei eine wichtige Rolle. Deine sehnsüchtigen Erwartungen und schmerzhaften Anhaftungen werden sich allmählich lösen. Du wirst erkennen, dass du keinen anderen Menschen brauchst, um dich wertvoll und ganz zu fühlen. Du bist bereits wertvoll und ganz.

Die Reise mit diesem Buch wird dein Realitätscheck auf der kosmischen, universellen und persönlichen Ebene sein.
 Durch die Vorbereitung im ersten Teil des Buches entstehen Mitgefühl mit dir selbst und mehr Lebenslust. Es entstehen Mut und der Wille, dich neu zu erfinden.
 Mut und Neugier sind die Schlüssel, um neue Paradigmen willkommen zu heißen und die alten Denk- und Verhaltensmuster loszulassen.
 Ohne die nötige Vorbereitung können die im zweiten Teil des Buches präsentierten Schritte nicht angenommen werden.

Stattdessen wird alles, was diese Übungen verändern sollen, festgehalten und verteidigt.

Es braucht genügend Leidensdruck, um mit den hier präsentierten Informationen arbeiten zu wollen. Denn dieses Buch wird für viele Leserinnen unbequem sein, weil sie verstehen werden, dass sie bis jetzt eine Lüge gelebt haben, sie ganz allein durch die Prozesse gehen müssen und dass kein Traumprinz sie vor diesen Schritten zu retten vermag.

Es braucht harte Arbeit und Selbstreflexion. Es geht schließlich um radikale Veränderung. Es geht um Wahrheit, Authentizität und Achtsamkeit. Es geht um dein Glück und darum, dich aus alten Fesseln zu befreien.

Tipps zu Konsum, Party oder Spaß wirst du in diesem Buch vergeblich suchen. Du wirst hier keine oberflächlichen und kosmetischen Anwendungen finden. Es gibt hier weder Tipps noch Tricks, um dich durchzumogeln. Es ist schlicht und einfach eine fordernde Reise in Richtung Selbsterkenntnis. Ganz egal, was du erkennen wirst, mach es dir zur Verpflichtung, den ganzen Weg bis zum Ende zu gehen.

Sagst du dir jetzt: »Okay, ich werde mit diesem Buch arbeiten, aber nur, wenn am Ende mein Traummann auftaucht und wir für den Rest unseres Lebens glücklich bis ans Ende aller Zeiten zusammenbleiben«, dann ist der Weg, der in diesem Buch präsentiert wird, nichts für dich.

Wenn du einen solchen Weg willst, brauchst du dich nicht zu verändern. Suche lieber weiter in deinen Dating-Apps nach dem Traumprinzen. Dort gibt es solcherlei Versprechen. Die Informationen hier sind für die Singles, die zum wahren Kern ihrer Situation vordringen und sich weiterentwickeln wollen.

Mit diesem Buch stellst du dich neu auf, indem du Techniken anwendest, die deine Schwingung und die erzeugte Resonanz zu deinem Vorteil verändern.

Gehörst du zu den wenigen glücklichen, überzeugten Singles, die ihre Einsamkeit genießen, wirst du hier keine Weisheiten finden. Dein Ziel ist bereits erreicht.

Dieses Buch dient allen, die sich von ihren Umständen gezwungen fühlen, allein zu sein. Es ist allen Singlefrauen gewidmet, die unter ihrer Einsamkeit leiden und diesen qualvollen Zustand beenden wollen.

Es ist für die Frauen, die trotz aller Bemühung keinen potenziellen Liebesgefährten finden und glauben, dass ihr Schmerz daher rührt. Dieses Buch ist auch allen Frauen gewidmet, die emotionale Verletzungen erlitten haben, und denen, die sich selbst und alle potenziellen Gefährten für vollkommen beziehungsunfähig halten.

Vor allem möchte ich diese Lektüre jenen Frauen widmen, die sich selbst näher kennenlernen und herausfinden wollen, was die Ursache ihrer Einsamkeit ist, wie sie die Einsamkeit überwinden können und was es bedeutet, sich selbst anzunehmen und zu lieben. Es ist ein Buch für mutige Frauen. Jene Frauen, die an wirklicher Transformation interessiert sind.

Was wirst du lernen?

Ich werde dir zeigen, dass das Singledasein eine großartige Möglichkeit ist, einen Realitätscheck, eine innere Inventur und eine seelische Reinigung vorzunehmen. Es ist die Gelegenheit, dich innerlich familiärer Altlasten und persönlichen, historischen Wirrwarrs zu entledigen. Du lernst zu erkennen, wer du wirklich bist, und dir selbst die Erfüllung zu geben, die du vergeblich im Außen suchst. Du wirst das Geheimnis wahrer Erfüllung kennenlernen. Es wird deinen Durst nach einem äußeren Geliebten löschen.

In Wirklichkeit suchst du nach dir selbst. Dein Schatz, dein Geliebter, lebt bereits in dir. Erkennst du ihn in dir, erscheint er dir auch im Außen. Außen und Innen ist nun mal eins. In deinem Leiden verbirgt sich ein Geschenk. Es verbirgt ein Potenzial, einen Hinweis auf ein größeres Ziel. Deine Einsamkeit eröffnet dir den Weg in die Freiheit!

Zusätzlich wirst du die Struktur und die Gesetzmäßigkeiten der Einsamkeit kennenlernen und wirst lernen, die Einsamkeit zu einem Einssein zu verwandeln. Das Einssein ist in Wirklichkeit dein wahrer natürlicher Zustand. Das Einssein ist dein menschliches Erbe, der Ort, an dem Realität geschaffen wird.

Sollte der Schmerz, allein zu sein, und die Verzweiflung darüber dich traurig stimmen, dann wird dir diese Reise Trost bringen und dich inneren Frieden lehren.

Ich kann dir nicht versprechen, dass dir nach dem Lesen dieses Buches dein Traumpartner spontan erscheint. Ich kann dir aber versichern, dass Selbstliebe Platz in deinem Leben finden wird und dass du das Geschenk und die Magie hinter der Einsamkeit erkennen wirst.

Schön, dass du dabei bist.

Die Schritte auf dem Weg

Im ersten Teil des Buches geht es darum, dich selbst kennenzulernen und herauszufinden, was dein Bild von Beziehung und Realität geformt hat. Du wirst in diesem ersten Teil herausgefordert, das, was du über deine Vergangenheit glaubst, zu hinterfragen und schließlich diese Glaubenssätze hinter dir zu lassen.

Im zweiten Teil des Buches geht es um die Transformation. Die hier genannten Schritte bringen dich auf die Schiene, innerlich und äußerlich positive Veränderungen vorzunehmen, das Gefühl der Selbstliebe und Ganzheit zu steigern und die neu errungene Weisheit in Taten umzusetzen. Von dem Punkt an wirst du in tiefer Verbundenheit leben.

Falls jetzt Unbehagen und Skepsis in dir aufkommen, ist das völlig normal. Der Gedanke, sich selbst kennenzulernen und in der Vergangenheit herumzuwühlen, erzeugt für gewöhnlich Angst oder Unwohlsein. Aber keine Angst. Ich werfe dich schon nicht ins kalte Wasser.

Sollten durch die Übungen verschüttete und unangenehme Emotionen in dir aufsteigen, atmest du am besten tief durch und lässt diese Emotionen zu. Wie bei einer Geburt. Denn etwas anderes ist dieser Prozess nicht. Ich bin deine Hebamme und halte deine Hand. Ich verspreche dir, du kannst das.

Gehe ganz nach deinem Tempo durch die Prozesse und finde Gleichgesinnte in deinem Umfeld, mit denen du deine Erkenntnisse teilen kannst.

Jedes Kapitel enthält eine oder mehrere Übungen. Manchmal werde ich dich dazu auffordern, Fragen schriftlich zu beantworten, andere Übungen sind darauf ausgerichtet, eine direkte, einzigartige Erfahrung zu machen, und wieder andere Übungen werden in deinen Alltag integriert.

Ich möchte dich dazu ermutigen, alle deine Entdeckungen und Erkenntnisse schriftlich festzuhalten. Die handschriftliche Kontemplation trägt dazu bei, neu gewonnene Einsichten besonders tief in deinen Zellen zu verankern. Auch wenn sie mit Anstrengung verbunden ist, lohnt sich diese Methode.

Gib dir selbst die Zeit, die du dabei brauchst und verdienst. Nimm das Schreiben als Gelegenheit, in deine Tiefen einzutauchen. Wie in einem Logbuch bei der Schifffahrt hast du dadurch den Beweis deines Fortschrittes.

Du wirst im Prozess merken, dass du stärker und mutiger wirst, deine blinden Flecken zu sehen. Die Einsamkeit wird dich immer weniger beeindrucken oder gar in die Knie zwingen. Selbstliebe wird dein neuer natürlicher Ausdruck sein.

Du wirst wie eine wunderschöne Blume, die unabhängig vom Betrachter immer ihre volle Schönheit zum Ausdruck bringt. Daraus folgen neue Erfahrungen.

Sicher ist, du wirst dich selbst und dein Leben mit einem neuen, frischen Blick betrachten. Los geht's!

So wie die Dinge sind

Wusstest du, dass laut des Bundesamts für Statistik die Mehrheit der Bevölkerung in den Metropolen solo ist? Es hat sich eine Gesellschaft von Einzelkämpfern gebildet, die das Leben aus eigener Kraft meistern.

Vor 150 Jahren wäre es hingegen noch unmöglich gewesen, als alleinstehende Frau ein normales Leben zu führen.

Im Leben unserer Groß- und Urgroßmütter waren Frauen nicht in der glücklichen Lage, sich selbst zu versorgen und gleichzeitig gesellschaftliche Anerkennung als Individuum zu genießen. Die Kleinfamilie galt als Norm und bildete das anerkannte Beziehungsmodell ab.

Der Verantwortungsbereich der Frau war auf die liebevolle, aufopfernde Fürsorge für die Kernfamilie begrenzt. Wer damals Single und weiblich war, hatte es besonders schwer. Wer von Einsamkeit sprach, fand kein Verständnis und kein Mitgefühl.

Heute können sich alleinstehende Frauen finanziell selbst versorgen. Sie haben sogar einen höheren Lebensstandard als die meisten Familien und müssen aufgrund der gesetzlichen Altersvorsorge keine Kinder bekommen, um im Alter versorgt zu sein.

Trotz dieser wunderbaren Errungenschaften für die Frau sehen wir uns mit neuen Herausforderungen konfrontiert. Das Thema, das viele Singlefrauen plagt, ist die innere Leere. Die meisten weiblichen Singles haben ein intaktes soziales Umfeld. Sie leben gesund, haben viel Freiraum und dennoch werden sie das Gefühl nicht los, dass etwas Wesentliches fehlt. Das Gefühl, von einer nährenden Quelle der Liebe und Geborgenheit isoliert zu sein, quält sie. Es fehlt ein Anker, ein Fels in der Brandung.

Unsere Medien und überlieferten Geschichten füttern uns Frauen seit Langem mit der Botschaft: »Das Happy End kommt erst mit dem Märchenprinzen.« Viele rennen diesem Traum blind hinterher. Trotzdem sind laut Statista, der deutschen Onlineplattform für Statistiken, 55,4 Prozent der Haushalte in Berlin Singlehaushalte. Bei der Betrachtung dieser beeindruckenden Zahl ist es logisch, auf die Idee zu kommen, dass die Chancen besonders groß seien, in Berlin beim Spaziergang oder im Club einen geeigneten Lebenspartner zu finden.

Seltsamerweise und gegen alle Logik ist genau das Gegenteil der Fall. Die Pandemie der Einsamkeit wütet besonders in den Großstädten dieser Erde. Dort, wo wir Menschen die Möglichkeit haben, täglich Hunderte Kontakte zu knüpfen, genau dort vereinsamen wir.

Wie entsteht dieses Phänomen?
Warum finden wir nicht zueinander?
Warum driften die Menschen, trotz ihres Wunsches nach Nähe und Gemeinschaft, immer mehr auseinander? Sie verdursten neben einem sauberen, klaren See.

Diese Tatsache lässt dich erahnen, dass das Thema der Partnersuche und das Gefühl der Einsamkeit weitaus komplexer sind, als es mit dem bloßen Auge erkennbar ist.

Das Gefühl der Einsamkeit hängt nicht von der Anzahl der Beziehungen, die du pflegst, ab. Die nährende Qualität der Verbindungen ist entscheidend.

Es ist nicht nur ein Ergebnis von schlechten Erfahrungen, einem gebrochenen Herzen oder Isolation, sondern auch von fehlender Authentizität in Beziehungen und der Fehlinterpretation der Wirklichkeit.

Weiter stellen die Experten fest, dass das Gefühl der Einsamkeit aus der negativen Haltung rührt, wenn es darum geht, soziale Interaktionen richtig zu bewerten. Einsame Menschen vermuten voreilig Zeichen von möglicher Zurückweisung. Sie reagieren deshalb mit Vermeidungsstrategien, um sich vor jeglicher Verletzung zu schützen. Es wird geraten, sich dieser Voreingenommenheit bewusst zu werden, damit man sie im nächsten Schritt überwinden kann.

Sich dieser Problematik bewusst zu werden, scheint umso wichtiger, wenn man ihre Auswirkungen auf die Gesundheit betrachtet: Einsamkeit wird von Medizinern, wie z. B. von Dr. Vivek Murthy in seiner Publikation bei der Harvard Business Review, sogar als eine ernsthafte Bedrohung für das Wohlbefinden und für die langfristige körperliche und geistige Gesundheit angesehen. Gesundheitsprobleme wie Herz-Kreislauf-Störungen, Schlaflosigkeit, erhöhte Entzündungswerte, verminderte virale Immunität und Depressionen werden oft als Folge genannt und in vielen Fällen sogar medikamentös behandelt. Auf den Websites der National Library of Medicine und des Deutschen Ärzteblatts findest du weitere Publikationen über Einsamkeit, ihre körperlichen Begleiterscheinungen, ihre Verbindung zu Depressionen und die empfohlenen medizinischen Behandlungen.

Alle diese Feststellungen können hilfreich sein. Aber ist Einsamkeit wirklich so eine negative oder gar gefährliche Sache?

Ist diese Lektüre etwas für dich?

»The Happy Pressure« Über den Druck, glücklich sein zu müssen

Wann hast du das letzte Mal deine Social Media gecheckt oder deine Lieblingszeitschrift durchstöbert und gedacht, dass alle anderen glücklicher zu sein scheinen als du und dass etwas mit dir nicht stimmen kann, weil du nicht vollkommen happy bist?

Meiner Meinung nach gibt es einen weiteren, entscheidenden Grund, warum sich Einsamkeit als Trend manifestiert. Diesen Trend nenne ich »The Happy Pressure« – also den Druck, glücklich sein zu müssen.

Beschert uns unser Leben Vergnügen und einen Grund zur Freude, erhalten wir von unseren unmittelbaren Mitmenschen ein kräftiges Schulterklopfen. Unsere Freuden werden gefeiert und jeder will Teil davon sein. Es ist auch völlig in Ordnung und normal, dass sich andere über deine Beförderung oder deine Traumreise freuen.

Aber was, wenn wir für längere Zeit betrübt sind, eine andere Sicht auf die Welt haben oder uns innere Konflikte plagen? Dann kommt es oft vor, dass Freunde, Familie oder Kollegen uns meiden oder unserem melancholischen Gemütszustand ungeduldig gegenüberstehen.

Jetzt erinnere dich an das letzte Mal zurück, als du ziemlich in der Krise stecktest. Vielleicht hast du einen Job verloren oder eine wichtige Beziehung beendet? Vielleicht waren es sogar ein paar harte Jahre? Wie haben die Menschen um dich herum reagiert? Haben sie dich aufgesucht, um dir beizustehen? Haben sie deinen Schmerz akzeptiert? Haben sie bei dir mit besonderem Tee oder einer guten Flasche Wein gesessen und sich still und geduldig gehalten? Oder haben sie versucht, deine Gefühle zu verändern, dich aufzuheitern und dir schnell über diese »Sache« hinwegzuhelfen? Haben sie hinter deinem Rücken über dich geredet oder haben sie dich vielleicht sogar gemieden?

Wie kommt es, dass niemand Teil deiner Trauer und deines Schmerzes sein will?

Wenn ein Grund zur Freude für jeden so akzeptabel ist, warum werden nicht auch deine Trübseligkeit und Einsamkeit angenommen?

In unserer Gesellschaft wird Glücklichsein als ein Zustand angesehen, der mit allen Mitteln erreicht werden will. Wer nicht glücklich ist, ist ein Loser!

»Negative« Gefühle und Zustände, zu denen die Einsamkeit und bisweilen auch das ewige Singledasein zählen, werden oft als destruktiv und unerwünscht angesehen. Es gilt, sie so schnell wie möglich zu überwinden – sonst stimmt etwas mit dir nicht.

Wir sind dauernd dem Druck ausgesetzt, zu glauben, dass es sich lohnt, Glückseligkeit auf Kosten aller anderen Emotionen aufrechtzuerhalten. Unter diesem Druck verstärken sich die Gefühle der Einsamkeit und der sozialen Ausgrenzung jedoch nur.

Das zeigt, wie wichtig es ist, den eigenen Gefühlen zu vertrauen, anstatt eifrig nach Glück zu streben und sinnentleerte Botschaften wie »Only positive vibes please!«, »Just smile!«, »Kopf hoch!«, »Don't worry, be happy!« etc. zu verbreiten.

Diese Botschaften sind überall zu sehen. In allen Medien, auf Teetassen, Sofakissen, Bettwäsche und auf Postern, die man sich in die Wohnung hängen soll. Ändere einfach dein Mindset, komm darüber hinweg. Lächle, und alles wird gut. Dieses ganze »Positive-Thinking«-Geschäft vermittelt den Eindruck, dass wir eindimensionale Wesen sind. Das sind wir nicht! »Only happiness« ist schlicht ein lukrativer Modetrend – mehr nicht.

Wir Menschen sind besonders empfänglich für die Überzeugung, dass glücklich zu sein, also ein stressfreies und reibungsloses Leben zu führen, alle unsere Probleme löst. Die Happiness-Industrie verkauft uns kurzlebige Gefühle des Glücks und der Entspannung – oft mit einfachen Strategien von Black-Friday-Shopping bis hin zu Speeddating. Das sind Veranstaltungen, die uns von einem nachhaltigen Weg in Richtung dauerhaftes Glück abbringen, weil sie kurzweilig und oberflächlich sind und in Wirklichkeit nur dem temporären Vergnügen dienen, das sich schnell in eine Sucht verwandeln kann.

Es liegt in unserer Natur als Menschen, dass wir lieber Glück und Verbundenheit erleben und Einsamkeit vermeiden wollen. Aber die

Überzeugung, dass Einsamkeit kein natürlicher und vollkommen akzeptabler Zustand ist, dient nur dazu, sie unerträglicher zu machen.

In vielen asiatischen Kulturen wird das Alter erst gezählt, wenn der Mensch mit bewusster körperlicher und geistiger Arbeit wie Meditation, Yoga und Qigong anfängt. Das ist ein anderer Ansatz. Bevor du anfängst, bewusst mit dir zu arbeiten, bist du nicht geboren. Du bist nicht da und nimmst am Leben nicht teil. Nach buddhistischer Auffassung soll dir die bewusste Arbeit an dir selbst die Grenzenlosigkeit und Vielfalt des Daseins aufzeigen. Das Ziel ist nicht, für immer glücklich zu sein. Das Ziel ist die Selbstentdeckung, die in sich eine glücksfördernde Aktivität ist.

Es ist wahr, dass wir mit viel Disziplin und Mäßigung die Kontrolle über unsere Gefühle und Lebensrichtung haben können – aber das reicht lange nicht aus, um ewiges Glück zu gewährleisten.

Wenn du »Only Happiness« zu deinem Lebensziel machst, bedeutet das, dass es bestimmte Gedanken, Gefühle und Situationen geben wird, die du vermeiden wirst, weil sie dich vom vermeintlichen Glück abbringen können. Das bedeutet wiederum, dass du dich mit deinem inneren Kosmos nicht wirklich auseinandersetzt, da er auch schwierige Gefühle beinhaltet. Du stellst deine Wahrnehmung und Überzeugungen über die Realität nicht infrage, denn auch das könnte vorerst erschreckend und schmerzhaft sein. Aber langfristig sind es genau diese Untersuchungen und Auseinandersetzungen, die das Sprungbrett für inneres Wachstum, inneren Frieden, Verbundenheit und Glück sind.

Wir alle haben dieses Bauchgefühl dafür, was für uns richtig ist, und doch weichen wir ständig davon ab, um der »Herde« zu folgen. Wir rennen immer wieder zur Herde zurück. Zur gleichen Herde, die uns in Krisenzeiten nicht unterstützt hat. Da »Only Happiness« ein Teil der Herdenmentalität geworden ist, ist es wohl schwieriger, das Glück auf individueller Ebene zu erreichen. Das Streben nach Glück wird in der Regel zur Flucht in das Vergnügen und in den Konsum.

Anstatt der Herde zu folgen, kannst du den Zustand, Single und einsam zu sein, zu deinem Vorteil nutzen. Wenn du die Einsamkeit überwinden willst, versuche nicht, glücklich zu sein. Vergiss es einfach!

Gehe in Kontakt mit dem, was in deinem inneren Kosmos vorgeht. Entscheidest du dich, bequem zu sein und die weniger wünschenswerten Teile deiner Persönlichkeit nicht zu betrachten, weil du stressfrei glücklich und normal sein willst, wirst du die Möhre vor der Nase nie erreichen.

Wir denken, dass wir glücklich und normal sein sollten, wie es von uns erwartet wird, und wenn wir dieses Glück und die Konformität nicht erreichen, fühlen wir uns wie die größten Versager.

Sich einsam zu fühlen, ist nicht unangepasst oder seltsam, sondern allzu menschlich. Einsamkeit ist ein Teil unserer vielfältigen Ausdrucksmöglichkeiten. Sei neugierig darauf, denn es liegt ein unermessliches Potenzial darin.

Hinterfrage die Norm und verlasse die Herde

Bewusstseinsarbeit und Mut schützen dich davor, dem Wahnsinn unseres Zeitalters zu erliegen.

Auf Biegen und Brechen in einer Partnerschaft sein zu wollen, ohne deine Beweggründe zu hinterfragen, hat Konsequenzen. Du kehrst immer wieder dorthin zurück, wo du vorher warst, und kommst auf persönlicher und geistiger Ebene kein Stück weiter.

Stammt dieser Wunsch, deine Einsamkeit mit einer Beziehung zu kitten, wirklich von dir? Ich frage deshalb, weil es mir so erscheint, als ob unser Lebensentwurf einer Schablone gleicht. Tue das, was die Gesellschaft von dir erwartet, und du wirst ein reibungsloses, normales Leben führen.

Denk mal über Folgendes nach: Für alles, was dir in deinem Leben empfohlen wird, gibt es eine genaue Vorgabe. Wenn du zur Schule gehst und brav mitmachst, dann zur Uni gehst und dir einen guten Abschluss erarbeitest, einen guten Job bekommst und schließlich dein eigenes Geld verdienst, heiratest und Kinder kriegst – erst dann bist du eine Gewinnerin. Nicht nur finanziell, sondern auch gesellschaftlich ein voller Erfolg.

Für die Liebe gibt es für uns Frauen selbstverständlich auch ein fertiges Erfolgsrezept, das wiederholt in Kindermärchen erzählt wird. Sei keine Hexe, sieh immer hübsch und süß aus, wie eine Prinzessin. Wünsch dir den richtigen Traumprinzen und wenn er kommt, sei dankbar, gut und liebevoll zu ihm und er wird dir eine glitzernde Welt zu Füßen legen.

Und wie sieht es aus für dich? Haben dir diese Märchen und Schablonen geholfen, glücklich und zufrieden zu sein? Natürlich nicht.

Wenn du hierbei an die Zufälligkeit deiner Einsamkeit glaubst, hast du diese Schablonen, Geschichten und Erfolgsrezepte einfach noch nicht genügend hinterfragt.

Die Regeln, die wir befolgen, wurden von Generation zu Generation von Menschen weitergegeben, die ebenfalls nicht wussten, wie sie ohne die zu befolgenden Regeln leben können. Ein versklavter Geist kann dir keine Freiheit beibringen. Du hast dich einverstanden erklärt, geistig versklavt zu werden. Und jetzt hast du Angst davor, die unsichtbaren Ketten geistiger Sklaverei zu durchbrechen.

Wir Menschen bezeichnen uns selbst als Herdentiere, weil wir die Verbindung und die Spiegelung unserer Mitmenschen brauchen. Von anderen gemocht und angenommen zu werden sind typische menschliche Bedürfnisse. Dennoch hat sich etwas verändert. Wir leben jetzt in einer Zeit, die deutlich zeigt, wie sehr die Gesellschaft im Inneren gespalten ist. Sie ist gespalten in Menschen, die obsessiv geliebt und normal sein wollen, jene, die an diesem Bedürfnis verdienen, und jene, die dieses Bedürfnis kritisch hinterfragen.

Es liegt an dieser Obsession, »normal« sein zu wollen, dass viele Singlefrauen unruhig und bemüht sind, das zu tun, was alle anderen von ihnen erwarten. »Finde schnell einen Mann, bevor es zu spät ist, heirate, sei gütig, sei glücklich und zufrieden. Wenn alle von der Klippe springen, dann spring auch du. Weil es gut sein muss, wenn alle das tun.«

Könntest du dich in jedem Moment so akzeptieren, wie du bist, hättest du kein Problem mit dem Gefühl der Einsamkeit. Es wäre nur ein Zustand, der dich zu tieferen Einsichten über dich und die Welt einlädt. Diese Sicht magst du jetzt langweilig finden, aber du wirst sehen, dass genau das Gegenteil der Fall ist.

Du kannst es so betrachten, dass der wahre Nährwert deiner Einsamkeit genau in der Langeweile liegt und nicht in dem, was dich weiterhin davon abhält, dich mit dir selbst auseinanderzusetzen.

Das heißt im Umkehrschluss auch, dass, wenn wir die Idee einer perfekten Partnerschaft so idealisieren und das hässliche, einsame Entlein in uns ignorieren, wir uns nicht wundern dürfen, wenn uns ein schöner Schwan entgeht.

Wo kommst du hin, wenn du aus Angst vor dir selbst vor dir wegläufst und stattdessen versuchst, dich an Dinge anzupassen, die gar nicht deinem Naturell entsprechen, nur um gemocht und akzeptiert zu werden? Deine Individualität und deine Geschichte machen dich einzigartig und wertvoll. Die Obsession, normal und glücklich zu sein, sowie das, was wir auf Instagram oder in romantischen Filmen sehen, macht dich nur zu einem Objekt innerhalb einer konsumorientierten und vergnügungssüchtigen Gesellschaft.

Der zwanghafte Wunsch, wie alle vermeintlich normalen Menschen sein zu wollen, nennt sich in der Psychologie Normopathie.

Als Normopath dreht man sich ewig im Kreis und kann nie tiefer in die eigene Identität eindringen. Denn Normopathen imitieren nur die vorgegebenen Bilder aus den Medien. Sie gehorchen blind den gegebenen Trends und geben nach, wenn es ans Eingemachte geht. Diese Menschen leben in einem ständigen Zustand der Bedürftigkeit und unterwerfen alles der Bestätigung, nach der sie sich sehnen. Das Verlangen nach Anerkennung ist so stark, dass es jeden Sinn und jede Vernunft ausblendet. Sie sind so sehr damit beschäftigt, diese eine Sache zu wollen, dass alles andere auf der Strecke bleibt – einschließlich jeder Art von Bewusstsein über sich selbst als individuelle Person mit Gedanken, die unabhängig von den Erwartungen der anderen existieren. Das hindert sie daran, ihr Inneres zu erforschen und sich selbst zu reflektieren. Normopathen wissen außerdem nicht, wie sie mit Ablehnung, Frustration, Enttäuschung und Versagen umgehen können, denn ihre Gefühlswelt ist ihnen fremd.

Für die Betroffenen bedeutet das ein großes Leid: Die eigene Individualität aus Angst, sich außerhalb der Norm zu bewegen, zu opfern, sich in eine unmögliche Form zu pressen und das eigene Innenleben zu verleugnen, ist erdrückend. Hinzukommt das anhaltende Gefühl, dass das Leben keinen wirklichen Sinn hat. Früher oder später wird der Blick auf das, was Glück oder Freude ausmacht, von Traurigkeit getrübt, weil der Normopath nirgendwo in seinem Inneren einen wahren Kern findet, über den er sich freuen könnte .

Das extreme Streben danach, der Norm zu entsprechen, kann durch die Hingabe zu einer individuellen Spiritualität geheilt werden. Ziel ist es, in Kontakt mit der eigenen Identität sowie den eigenen Werten zu kommen und ein stabiles Selbstwertgefühl aufzubauen.

Dein Wunsch, normal zu sein, ist jedoch zunächst einmal nichts, was dich beunruhigen sollte. Vielmehr ist er ein Zeichen für deine Verletzlichkeit und Bedürftigkeit, für die du Mitgefühl von anderen und von dir selbst brauchst, um dich anschließend von dieser lebensverzehrenden Anpassung an die Norm distanzieren zu können. Dieser Prozess kann eine Weile dauern und ist unsere Herausforderung, um endlich erwachsen zu werden oder, besser gesagt, zu erwachen und individuell unseren eigenen persönlichen Ausdruck entwickeln zu können.

Um die Norm zu transzendieren, musst du gewillt sein, anders zu sein und anders zu fühlen. Du musst gewillt sein, allein zu sein. Wir wollen der Norm widerstehen. Die Norm ist nichts anderes als eine Ideologie, eine fiktive Idee. Sie verspricht nichts als einen leeren Traum von einem konformen Leben ohne freien Willen, ohne kreatives Denken und ohne Seele. Das Mittel dagegen ist, in jedem Moment bei dir selbst zu sein. Dich mit deinem Schmerz zu verbinden und ihn ohne Urteil zuzulassen. Das führt zu einer Transformation deiner Identität und verwandelt dich in ein Wesen, das präsent und mit der Welt im Einklang ist.

Gut vernetzt und weniger verbunden

In der letzten Lektion habe ich erwähnt, dass unsere »Don't worry, be happy«-Gesellschaft in drei Lager gespalten ist. In einem dieser Lager befinden sich jene, die an deinem Wunsch, immer glücklich sein zu wollen, Profit machen. Durch Apps, Computerspiele und diverse Social-Media-Angebote wird dein unstillbares Verlangen nach Glück in einem Teufelskreis gefangen gehalten. Es gibt ein geschäftliches Interesse daran, dass du eine ahnungslose, isolierte und sehnsüchtige Konsumentin dieser Technologien bleibst.

Ihr Wunsch, dich als vernetzte Konsumentin zu halten, hat sich weitestgehend erfüllt.

Oder kannst du dir heute noch vorstellen, ohne dein Smartphone zu leben?

Diese praktische kleine Technologie hat viele gute Seiten. Z. B. vereinfacht sie unseren Arbeitsfluss. Im privaten Bereich aber beutet sie für wirtschaftliche Zwecke unser Bedürfnis aus, belohnt, akzeptiert und anerkannt sein zu wollen.

Was ist nun genau das Problem und die Gefahr von Smartphones, Social Media und dem Internet im Allgemeinen? Menschen, die diese Technologien kreieren, wissen ganz genau, dass du von der übermäßigen Dopaminausschüttung, die durch Apps und Spiele erzeugt wird, süchtig wirst.

Smartphones und Social Media bieten uns kleine, belohnende, suchterzeugende Dopamin-Happen in Form von Punkten, Likes, Views, Followern und mehr. Sie geben uns messbare Zahlen, anhand derer wir uns mit anderen vergleichen und unseren vermeintlichen Wert messen können. Sie geben uns mit einem konstanten Brummen, Summen, Leuchten, Blinken vielerlei Erinnerungen daran, dass wir gewinnen oder die Welt uns sieht und uns Anerkennung schenkt.

Das Hormon Dopamin spielt eine große Rolle in der Art, wie wir Lust empfinden. Dopamin lässt uns wissen, dass wir eine bestimmte Sache wollen, und zwingt uns dazu, diese Sache aufzusuchen. Genau das ist der Grund, warum wir unaufhörlich browsen, scrollen und chatten wollen. Das ist ein gefährlicher Kreislauf. Je mehr Zeit wir am Smartphone verbringen, desto schwerer wird es, uns loszureißen.

Die Gefahr an dieser Technologie ist, dass sie uns ablenkt, unsere psychologischen Muster ausnutzt und Macht über unsere Gefühlswelt und unser Selbstbild erlangt. Während wir in der Lust erzeugenden, schnellen Scheinlösung gefangen sind, entwickeln wir uns kein Stück weiter in unsere gewünschte Lebensrichtung.

Wir bombardieren unser Gehirn mit so viel Dopamin, dass es diesen Zustand kompensieren muss, indem es die Dopaminausschüttung ständig runterreguliert. Was bleibt, ist ein Dauerzustand von chronischem Dopamin-Defizit, in dem nichts außer die Droge unserer Wahl in uns Glück erzeugt. Es gibt einen Zusammenhang zwischen übermäßigem Internetkonsum und diffusen Angstzuständen, Aufmerksamkeitsdefizit, Intoleranz gegenüber Langeweile, Einsamkeit und Unzufriedenheit. Diese sind bekannte universelle Symptome von allen suchterzeugenden Substanzen. Adam Alter beschreibt in seinem Buch »Unwiderstehlich – Der Aufstieg suchterzeugender Technologien und das Geschäft mit unserer Abhängigkeit« eindringlich, wie diese suchterzeugenden Technologien gezielt eingesetzt werden, um unseren Geist zu versklaven. Auch die Psychiaterin und Professorin der Stanford Universität Dr. Anna Lembke gibt einen ausführlichen Einblick in das Thema Dopaminsucht, z. B. in ihrem neuen Buch »Die Dopamin-Nation: Balance finden im Zeitalter des Vergnügens«. Wer tiefer in die Themen Technologie, Dopaminsucht und Einsamkeit einsteigen will, sollte die genannten Bücher unbedingt lesen.

Durch die übermäßige Nutzung dieser Technologien vergessen wir, wie es ist, allein zu sein, mit unseren Gedanken und unserer Fantasie. Zusätzlich verlernen wir, wie es ist, mit anderen zu sein und ihnen von Angesicht zu Angesicht unsere ganze Aufmerksamkeit zu schenken. Diese Medien konditionieren uns, uns auf Knopfdruck Lust zu verschaffen. Es entsteht logischerweise eine künstliche, pervertierte Form der Einsamkeit in dem Wunsch, der Einsamkeit aus dem Weg zu gehen und vernetzt zu sein.

Mittlerweile bin ich mir durch meine Beobachtungen in meinem Umfeld sicher, dass viele Menschen insbesondere von ihren Smartphones besessen sind. Das zeigt sich in ihrem überwältigenden Drang, ständig das Handy zu betätigen. Es gibt einen Unterschied zwischen Sucht und solchen Zwangshandlungen. Während die Sucht ein Fluchtmechanismus ist, ist die Zwangshandlung ein Kontrollmechanismus, um Ängste zu reduzieren. Sowohl bei Sucht als auch bei der Zwangshandlung handelt es sich um eine Abhängigkeit, die ihren körperlichen Ursprung im Gehirn hat. Die Abhängigkeit entwickelt sich aufgrund von Dopamin, welches auch als Glückshormon bezeichnet wird, weil es eine Chemikalie ist, die ein wohliges Gefühl vermittelt. Aktivitäten, süchtig machende Substanzen wie Alkohol, Smartphones oder das Glücksspiel setzen Dopamin im Gehirn frei. Das führt dazu, dass unser Gehirn von diesen Aktivitäten, Dingen und Substanzen abhängig wird, um Dopamin freizusetzen.

Zwangshandlungen sind, anders als Süchte, ritualisierte Routinen. Denke zum Beispiel an Menschen, die ohne wichtigen Grund alle paar Minuten einen Blick auf ihr Smartphone werfen. Das kann man mit jemandem vergleichen, der seine Autotür zehnmal abschließt, oder jemandem, der ständig seine Hände waschen muss. Eine solche Person empfindet ihr Ritual als eine Notwendigkeit, um ihre Ängste zu lindern und ein Gefühl von Sicherheit zu erzeugen. Es handelt sich bei dem Zwang, das Handy zu nutzen, um die Angst, ein Gespräch zu verpassen und dadurch von einem sozialen Netzwerk ausgegrenzt zu sein.

Bist du nach dieser Technologie süchtig, befiehlt dir dein Gehirn, dass du Dopamin brauchst. Du gehorchst, indem du z. B. deinen Instagram-Account öffnest, um dir deinen glücksbringenden Dopaminschuss zu holen.

Verspürst du den Wunsch, dich tiefer mit dem Thema zu beschäftigen, möchte ich dir Nicholas Carrs Buch »Wer bin ich, wenn ich online bin … und was macht mein Gehirn solange? Wie das Internet unser Denken verändert« wärmstens empfehlen.

Laut einer Studie von Statista ist das Smartphone bei 14- bis 49-Jährigen mit einem Nutzeranteil von über 95 Prozent ein fester Bestandteil des Alltags. Insbesondere weil die Geräte inzwischen zu viel mehr als tragbaren Telefonen geworden sind. Die Nutzer hören damit Musik, lesen die News, machen Fotos, shoppen online und nutzen die Navigationsfunktion.

Dabei verstehen die meisten Menschen nichts von diesen Technologien. Wir können diese kleinen Supercomputer weder reparieren oder verändern noch nutzbringend für uns anwenden. Das ist der Grund, warum sie die Macht haben, uns zu kontrollieren. Die magischen Qualitäten der digitalen Welt lassen uns wie Neandertaler aussehen, die gerade das Feuer entdecken.

Unsere Smartphones haben mittlerweile einen enormen Unterhaltungswert. Sie sind unsere unentbehrlichen Begleiter geworden. Wir müssen uns heute nicht mehr langweilen, solange wir unsere Handys überall mitnehmen. Wir sind so süchtig, dass wir sofort das Telefon aus der Tasche holen, wenn andere dasselbe tun, wenn wir im Restaurant warten müssen oder am Spielplatz unsere Kinder »beaufsichtigen«.

Früher haben wir das Mobiltelefon benutzt, um tatsächlich miteinander zu sprechen. Heute benutzen wir es überwiegend, um Texte zu schreiben, zu spielen und nach Informationen zu suchen. Diese Art, das Telefon zu benutzen, gibt uns die Möglichkeit, mehrere Dinge gleichzeitig zu tun. Wir googeln, während wir essen oder auf der Toilette sitzen. Wir spielen, während wir mit unseren Kindern und Freunden sprechen. Diese Möglichkeit des Multitaskings lässt uns glauben, dass wir nicht mehr aufmerksam miteinander umgehen müssen. Unbewusst verhält es sich so, dass wir uns gegenseitig das Gefühl geben, nicht mehr füreinander bedeutend zu sein. Wenn unsere Telefone auf dem Tisch liegen, während wir mit unseren Mitmenschen zusammensitzen, gibt es ihnen unbewusst das Gefühl, weniger wichtig zu sein. Wir sind zusammen und doch allein. Gut vernetzt und weniger verbunden. Jeder von uns kennt das.

Zusammen allein, findet jeder in seinem Bildschirm eine kleine Nische jenseits der Außenwelt. Körperlich sind wir nur um Zentimeter getrennt, aber innerlich sind wir weit voneinander entfernt. Daraus entsteht eine neue Form der Einsamkeit, indem unser Bedürfnis nach Nähe uns weiter voneinander distanziert. Die Technologie formt uns und unser Verständnis von Verbindung und Nähe. Mit ihr haben wir die Illusion von Kameradschaft, ohne den Anforderungen einer echten Freundschaft nachkommen zu müssen.

Da sich künstliche Intelligenz im Gegensatz zur menschlichen Intelligenz exponentiell weiterentwickelt, gibt es seit Jahren einen Trend in die Richtung, Menschen künstliche Intelligenz hinzufügen zu wollen. Es gibt schon Menschen, die Chips unter ihrer Haut tragen, damit ihr Leben effizienter und reibungsloser abläuft. Sie öffnen ihre Türen und starten ihre Medienanlagen, ohne etwas anfassen zu müssen.

Die dem zugrunde liegende Ideologie ist der »Transhumanismus«, eine philosophische Strömung, die den Einsatz von Technologie zur Erweiterung der menschlichen Möglichkeiten befürwortet.

Die Herrschaften, die diese transhumanistische Philosophie vertreten und die damit verbundenen Zukunftsvisionen vorantreiben, besitzen einen eigenartigen Blick auf die Welt und auf den Menschen.

Der Transhumanismus sieht den Menschen als minderwertig an, weil er Emotionen zulässt, chaotisch und verwundbar ist. Die Vision der Transhumanisten ist, eine Zivilisation zu kreieren, die durch die Technologie vorhersehbar und kontrollierbar ist. Der Transhumanismus wünscht sich, Emotionen auszuradieren und uns zur Meisterschaft über die physische Welt zu erheben. Das Ziel ist, unsere negativen und herausfordernden Gefühle zu entfernen, indem wir die Vorstellung von einem perfekten synthetischen Leben an uns heranlassen.

Die Idee, einen perfekten Menschen zu kreieren, ist alt. Wir kennen solche transhumanistischen Elemente aus Mary Shelleys »Frankenstein«, aus Thea von Harbous Klassiker »Metropolis« und anderen Geschichten, die den Traum vom perfekten Menschen in Form eines Roboters inszenieren.

Es ist eine Perfektion, die nicht auf Spiritualität, Erleuchtung oder Mitgefühl, sondern auf Technik und Vorhersehbarkeit gegründet ist. Schauen wir uns Science-Fiction-Filme oder -Serien wie »Humans« oder »Better than us« an, werden wir feststellen, dass wir mit den dargestellten Robotern mehr sympathisieren als mit den menschlichen Rollen. Wir wissen es zwar besser, aber aufgrund der Inszenierung fühlen wir uns eher zu den überaus attraktiven Robotern hingezogen und wünschen uns heimlich, wie sie zu sein. In diesen Produktionen werden idealisierte, programmierbare, menschenähnliche Figuren gezeigt, die keine Emotionen besitzen. In ihnen wird uns anhand der Darstellungen weisgemacht, dass Roboter die besseren Menschen sind.

Ein idealisierter Zustand, in dem es keinen Schmerz gibt, in dem alles reibungslos automatisiert und organisiert wird, ist ein alter Traum vom Paradies oder dem biblischen Garten Eden.

Im biblischen Zustand von Eden waren wir unwissend und fielen aus dem Paradies, weil wir von der Frucht der Erkenntnis gekostet haben. Der Transhumanismus wünscht sich diesen Zustand von Unwissenheit und Unschuld zurück, aber diesmal in einem Umfeld, das vorhersehbar und kontrollierbar ist.

Dieser Zustand der Vorhersehbarkeit nimmt uns alles weg, was wir sind. Genau das entzieht uns unsere Menschlichkeit, entreißt uns unsere Verbundenheit und lässt uns blind werden für diese unglaublich magische Reise, auf der wir uns befinden.

Wir wissen so wenig darüber, was es bedeutet, ein Mensch zu sein. Obwohl wir eine Wahrnehmung haben, kennen wir die Herkunft unseres Bewusstseins nicht. Wir wissen nicht einmal, wo wir herkommen, und sind uns nicht sicher, ob es eine Bedeutung zu diesem Universum gibt.

Die Vorstellung, uns körperlich mit künstlicher Intelligenz zu verbinden, fühlt sich für mich wie eine Flucht vor der unkalkulierbaren Realität an. Es ist auch verständlich, vor der Wirklichkeit flüchten zu wollen. Das Leben ist furchterregend. Frauen, Männer und echte, reale Kinder sind furchterregend. Die Natur, Intimität, Liebe, Einsamkeit und der Tod sind chaotische und furchterregende Wirklichkeiten.

Die Idee, dass wir uns eine perfekte, vorhersehbare Realität konstruieren wollen, in der wir uns keine Sorgen mehr über die Dinge, die wir nicht verstehen oder kontrollieren können, machen müssen, ist deshalb verständlich.

Aber diese Art künstliche Welt bedeutet Stillstand. Sie ist nicht mystisch oder göttlich. Dort gibt es keine Wunder, keine Überraschungen und kein spirituelles Wachstum.

Emotionen wie Einsamkeit sind sehr wichtige Aspekte unseres spirituellen Wachstums. Unsere Sehnsüchte und Verlangen sind das, was uns in Bewegung setzt, um höhere Ziele zu erreichen. Echte Perfektion ist ein sich entwickelndes Vertrauen in unsere Seele, die uns zu mehr Mitgefühl, Fürsorge, Güte und Verletzlichkeit beeinflusst und formt. Diese Eigenschaften sind weit von der transhumanistischen Idee von Perfektion entfernt.

Längst ist für viele von uns die Technologie unentbehrlich geworden. Wir verbringen zu viel Zeit in Verbindung mit Technologie. Auf diese Art verstärken wir alle dieselben Gedanken, dieselben Ideen, dieselben Vorlieben. Das macht uns spröde, unbeweglich und unfähig, zufrieden zu sein. Es macht uns unfähig, uns auf andere Meinungen einzulassen, weil wir uns in unseren Nischen isolieren. Je mehr Zeit wir mit Technologie verbringen, umso isolierter, kontrollierbarer und zerbrechlicher werden wir. Wir glauben, einander nicht mehr zu brauchen, weil wir über den Bildschirm ein isoliertes Image von uns herstellen können.

Wenn du nicht daran glaubst, dass etwas Göttliches in dir lebt, und davon überzeugt bist, dass wir in einem riesigen zufälligen Nichts leben, könnte dieser Weg spannend und attraktiv erscheinen. Setz dich doch mal in die U-Bahn und beobachte deine Mitmenschen. Du wirst feststellen, dass die Mehrheit von ihnen auf ihre Smartphones starrt. Die Technologie ist in unserem Leben allgegenwärtig geworden.

Unser natürlicher menschlicher Drang nach Sinn, Erkenntnis und Wissen lässt uns glauben, dass wir leicht und bequem bei Google alle Antworten auf unsere Lebensfragen finden, um unser Leben zu verbessern, zu verlängern und zu perfektionieren. Was wir aber übersehen, ist, dass diese Technologien bei jeder Nutzung unser Verhalten berechnen. Unsere Aufmerksamkeit ist die Währung der KI und wir sind das Produkt. Wer ist also dann der Kunde? Der Kunde sind die Konzerne, die für die Inhalte bezahlen, die du zu sehen bekommst. Die Algorithmen verlassen sich auf unser unbewusstes Verhalten und steuern unser Leben, indem sie diktieren, was wir sehen, lesen, kaufen, wählen und glauben. Die Algorithmen machen unser Leben scheinbar leichter, aber in Wirklichkeit konditionieren sie uns. Was sind wir dann? Wir sind ein Programm von irgendjemandem. Etwas, das eine andere Person programmiert hat.

Meiner Meinung nach ist Technologie ein totes Werkzeug für eine tote Gesellschaft. Wir geben uns u. a. immer mehr der künstlichen Intelligenz, der künstlichen Nahrung, den künstlichen Realitäten und den künstlichen Beziehungen hin. Somit entfernen wir uns immer mehr von der Natur. Diese Werkzeuge nehmen nicht nur den Glanz aus unserem Leben, sie fragmentieren und trennen uns von unserem Umfeld und von uns selbst. Wir verlieren die Fähigkeit, unmittelbar und analog miteinander zu kommunizieren oder gar selbstständig zu denken und unserer Intuition zu vertrauen. Unsere Fähigkeit, die subtilen Energien in uns und um uns herum zu spüren und diese richtig zu interpretieren, geht uns verloren. Gehen wir diesen Weg weiter und erlauben den Algorithmen, unsere Vorurteile und Vorlieben tiefer zu verankern, stellt sich die Frage, welche Basis wir in der Zukunft für Verbindungen haben werden. Die Technologie ist genau das Gegenteil von Verbundenheit. Die Verbundenheit selbst ist das, was uns für das Göttliche öffnet. Sie ist die Fähigkeit, hingebungsvoll, verletzlich, offen und herzzentriert zu sein, um mit dem Göttlichen in Beziehung zu treten.

Neugierig und skeptisch zu sein, von anderen Menschen zu lernen, andere zu unterstützen und in uns selbst zu verweilen, kommt nicht aus Algorithmen. Es ist etwas, wofür wir uns öffnen und ihm erlauben, uns zu verbessern. Großzügigkeit, Dankbarkeit und Liebe sind nicht Aspekte, die programmiert werden können. Sie sind ein natürlicher Teil von uns.

Während wir uns mehr und mehr von unserer wahren Natur entfernen, werden wir nachweislich einsamer und depressiver. Das ist eine große Sache. Wir Menschen entwerten uns zu etwas rein Materialistischem: zu funktionierenden Konsumenten. Wollen wir diese Art Dystopie?

Wir wollen äußerst vorsichtig sein, was wir der neuen Technologie abkaufen. Es ist überaus wichtig, dass wir unseren Konsum von Smartphones von unseren Familien und Freunden einschätzen und überwachen lassen. Natürlich ist es in Ordnung, den unterhaltsamen Aspekt von allem zu genießen. Dennoch sollten wir nicht vergessen, uns mit dem echten, analogen Leben auseinanderzusetzen – und zwar im spirituellen und emotionalen Sinn. Wir wollen uns selbst hinterfragen und uns nicht von Programmen sagen lassen, was das Menschsein zu bedeuten hat. Geh raus, verbinde dich mit anderen und trink mit ihnen Kaffee. Führe eine Auseinandersetzung mit anderen und fühle, wie es ist, zu verhandeln und deine Wahrheit auszudrücken. Erkenne die Nuancen der Wahrheit in anderen Ansichten. Suche nach Ähnlichkeiten. Wir brauchen keine Roboter, um uns das beizubringen. Öffne dich für die Wirklichkeit. Das ist etwas, das immer seltener wird. Nimm dir Zeit für deine Freunde und kümmere dich liebevoll um dich selbst. Sei mehr denn je achtsam, was in deinem Körper passiert und was deine Intuition dir sagt. Das sollten wir über all das stellen, was uns auf irgendeinem Bildschirm entgegenkommt.

Wir sollten uns genau ansehen, wie sehr und wie weit wir programmiert sind – entweder durch unsere vergangenen Erfahrungen, von der Gesellschaft oder den Medien. Öffne dein Herz und lass zu, dass dich deine Einsamkeit inspiriert und über dich hinauswachsen lässt. Dein Herz sollte die Quelle deiner Inspiration sein und nicht dein Smartphone.

Die Droge des technischen Konsums wirkt subtil und schleichend. Sie raubt uns die Kraft zu den emotionalen, künstlerischen und geistigen Leistungen und entzieht uns die Fähigkeit zu tiefer Meditation. Den Unterschied wirst du merken, wenn du dich für eine Weile ihres Einflusses entziehst.

Die Lösung für eine sozialere Mediennutzung ist einfacher, als du denkst: Lege dein Handy einfach weg und genieße das Beisammensein im wirklichen Leben statt mit Bildschirmen. Lass dein Handy nicht auf dem Tisch liegen. Bring es stattdessen außer Sichtweite, wenn du einem Mitmenschen gegenübersitzt.

Es ist reine Übungssache. Ich möchte dir dazu noch eine Challenge mitgeben. Das nächste Mal, wenn du den Drang verspürst, auf dein Telefon zu schauen, möchte ich dich auffordern, stattdessen bewusst deine Umgebung zu betrachten. Schau dir die Menschen um dich herum an. Schau dir die Landschaft und die Architektur an. Das nächste Mal, wenn du dich ohne dein Smartphone allein fühlst, kehre dich nach innen und erkenne, dass das, was du suchst, nicht in deiner Tasche, sondern in dir selbst liegt.

Einsamkeit als spiritueller Retreat

Ein »Retreat« ist ein Rückzug, den man in der Regel bewusst antritt, um Abstand von seinem Alltag zu gewinnen und über sich selbst, das Universum oder Gott nachzudenken. Deine Einsamkeit hingegen ist ein unfreiwilliger Retreat, der als natürliche Antwort auf dein bisher gelebtes Leben folgt.

Es ist ein Zeichen dafür, dass sich in dir etwas zu aktualisieren wünscht, und dafür verlangt dieses Etwas nach Raum. Damit die Aktualisierung geschehen kann, musst du dich selbst herunterfahren. Da dieser Prozess in den seltensten Fällen bewusst wahrgenommen wird, entsteht das Gefühl von Zerrissenheit, Verwirrung, Distanz und tiefer Trauer. Es hat sich in den hinter dir liegenden Jahren viel emotionales Gepäck angesammelt. Das Gefühl von Einsamkeit ist ein natürliches, organisches Zeichen dafür, dass es Zeit ist, sich zurückzuziehen, Altlasten abzuwerfen, sich weiterzuentwickeln, im spirituellen Sinn zu erwachen und deine verlorene Macht zurückzuholen.

Lass uns jetzt beleuchten, wie Einsamkeit das spirituelle Erwachen unterstützt und fördert. Durch das Gefühl der Einsamkeit verstehen wir unsere Beziehungen. Das Gefühl, einsam zu sein, und das Gefühl, dass keine Menschenseele uns sieht, liebt und versteht, sind Sprungbretter zu etwas Größerem. Es ist dieser Zustand, nicht dazuzugehören, der uns auffordert, alle Verbindungen, Beruf, Familie, Freunde und Liebhaber zu überprüfen und zu erkennen, was nicht mehr mit uns resoniert und welche neuen Bedürfnisse wir wirklich haben. Die Einsamkeit gibt uns den nötigen Raum, um uns von negativen Einflüssen und toxischen Beziehungen zu lösen und Platz für liebevolle und mitfühlende Menschen in unserem Leben zu schaffen. Menschen, die mit dem, was wir wirklich sind, im Einklang stehen.

Die Einsamkeit hilft uns dabei, unsere Beziehungen auf die nächsthöhere Ebene zu befördern. Diese neuen Beziehungen tauchen in deinem Leben auf, wenn du deine Schatten integrierst, deine Resonanz klärst und lernst, dich klar auszurichten.

Die Einsamkeit zwingt uns unaufhörlich, unseren Fokus nach innen zu richten. Die meiste Zeit unseres Lebens verbringen wir damit, nach außen zu schauen und dort nach der Erlösung von unseren

Schmerzen und Wunden zu suchen. Unser Ego steht im Vordergrund und macht sich dauernd darüber Gedanken, wie wir aussehen, wie wir ankommen, wie viel Geld wir besitzen und wie unser sozialer Status beschaffen ist.

Das alles ändert sich radikal, wenn wir in die unangenehme Situation der Einsamkeit rutschen. Alle Hilfsmittel, an denen wir unser Leben lang festgehalten haben, haben keine Wirkung mehr. Unser vergrößertes Dekolleté, das Mitmachen in der Herde, die Disziplin oder der Erfolg bringen nichts. Das ist echt unfair!

Irgendwie fühlen wir uns betrogen, und das wurden wir tatsächlich. Wir rennen etwas hinterher, das in dieser Form nicht mehr für uns bestimmt ist.

Da es im Außen nichts mehr gibt, an dem du dich festklammern kannst, musst du schließlich nachgeben und dich nach innen wenden. Genau hier gehört deine Aufmerksamkeit jetzt hin. Hier beginnt deine Transformation, deine Geburt in ein neues Dasein.

Sich in diesen Raum, in die »Höhle des Löwen«, vertrauensvoll und furchtlos zu begeben, ist das, was uns von ängstlichen und machtlosen zu vollkommen freien Wesen transformiert. In diesem Raum befindet sich der Boden, auf dem unser Königreich steht, der Grund, auf dem unsere Gaben sich ausdrücken können, und der Ort, wo wir Erfüllung finden können. Hier wirst du verschüttete innere Anteile wiederfinden und nach Hause bringen.

Die Einsamkeit bringt im nächsten Schritt noch mehr. Sie eröffnet uns unsere Göttlichkeit und unendlichen Fähigkeiten als Wesen, die Realität gestalten zu können. Es ist schon erstaunlich, dass gerade dieses alles verzehrende Gefühl der Einsamkeit genau das ist, was uns am meisten wachrüttelt und heilt.

Die Einsamkeit verbindet uns mit unserem Geist, unserer Seele oder unserem höheren Selbst. Es ist der Teil in uns, der nicht limitiert ist. Der Teil in uns, der ewig lebt und Zugang zu unerschöpflichen Ressourcen hat. Das ist eine völlig andere Ebene als das, woran wir uns sonst festklammern. Es ist genau diese Einsamkeit, die dich dazu zwingt, deine Intuition zu erwecken und dich wieder mit deinem Spirit zu verbinden.

Wäre dein Leben vorhersehbar und bequem, gäbe es für dich keinen Grund, dich zu verändern, und erst recht keinen Grund, dich mit deiner Spiritualität zu verbinden. Nur durch die Erkenntnis, dass niemand dir helfen kann, findest du Antworten auf einer tieferen inneren Ebene.

Die Einsamkeit ist zusätzlich eine Chance, einschränkende Überzeugungen und Probleme aus der Vergangenheit zu lösen. Was genau ist das, was du loslassen willst? Wir wurden alle auf dem einen oder anderen Weg traumatisiert und das führte zu Glaubenssätzen wie »Ich bin nicht liebenswert« oder »Keiner ist für mich da.« Das sind gängige Glaubenssätze, die jeder kennt. Wir kennen alle die Erfahrungen, in denen wir eine Strafe erhielten, sobald wir uns in all unseren schrillen Farben gezeigt hatten. Wir lernten, dass wir zurückgewiesen werden und unser Überleben bedroht wird, wenn wir uns auf eine Art zeigen, die in unserer Kultur oder im gängigen Narrativ nicht akzeptabel ist. Die Einsamkeit ist das Resultat solcher Verletzungen. Dein Geist braucht jetzt Zeit, um diese Themen aufzuarbeiten, und er braucht Zeit, um deine verschütteten inneren Schätze zurückzufordern.

Jetzt erkennst du den Hintergrund und den Nutzen der Einsamkeit als Teil deiner Transformation und Evolution. Am Ende dieser Reise wirst du darüber hinaus etwas sehr Wichtiges realisieren. Du wirst erleichtert erkennen, dass die Einsamkeit für dich jetzt notwendig ist. Du veränderst am Ende die Art und Weise, wie du zur Einsamkeit in Beziehung stehst.

Wir haben besprochen, dass Einsamkeit uns hilft, einschränkende Glaubenssysteme loszulassen. Glaubenssätze, die uns daran hindern, unsere wahre Göttlichkeit zu erkennen. Die gute Nachricht ist, dass Einsamkeit nur eine Wahrnehmung ist. An sich ist Einsamkeit nur eine Wahrnehmung der Wirklichkeit und sie ist ein Gefühl, das wir alle von Natur aus in uns tragen. Der Grund, warum wir Einsamkeit wahrnehmen, ist, weil wir daran glauben, von allem abgeschnitten zu sein. Wir glauben daran, weil wir in der Vergangenheit durch unsere Erfahrung zu diesem Schluss gekommen sind. Einsamkeit ist die Sammlung aller vergangenen Erfahrungen, in denen wir zurückgewiesen, verstoßen oder verspottet wurden. Die Tatsache, dass wir Wunden aus Vergangenem in unseren Beziehungen wiederholen, sie in uns tragen und sie in unserer Schwingung halten, ist der Grund der Einsamkeit. Wir fühlen uns einsam, weil wir uns damals einsam gefühlt haben, und wir tragen diese Einsamkeit auch heute noch wie eine geliebte Tasche mit uns herum, überall wo wir hingehen und bei allem, was wir tun.

Glücklicherweise bedeutet die Tatsache, dass du Einsamkeit überhaupt erfährst, dass du mitten im Heilungsprozess bist. Es bedeutet, dass alte Themen jetzt Raum haben wollen, an die Oberfläche zu kommen, um gefühlt, gesehen und geheilt zu werden. Es bedeutet, dass du auf dem richtigen Weg bist, egal wie herausfordernd es für dich sein mag. Es bedeutet, dass du seelisch gesund bist und dass es dir gut geht.

Am Ziel angekommen, wirst du entdecken, dass du selbst der ersehnte Geliebte bist. Du stehst dir am nächsten. Du bist das, was du willst. Du bist alles, was du brauchst. Du bist die Liebe deines Lebens. Du bist die Einzige, die immer für dich da war. Und wenn du dich jetzt nicht liebst, ist es deine Aufgabe, so lange für dich da zu sein, bis du dich lieben lernst.

Die Pandemie der Einsamkeit

Warum fühlen sich mehr und mehr Menschen immer weniger angebunden, entfremdet und noch weniger zu Hause?

Der Grund für deine Einsamkeit und deinen Durst nach Nähe liegt nicht am fehlenden Partner. Das sollte dir jetzt langsam einleuchten. Auch wenn uns sämtliche Medien, unsere Familien und Freunde wieder und wieder das Gegenteil suggerieren wollen. Daran liegt es nicht! Der Verlust deiner natürlichen, ursprünglichen Verbundenheit ist der wirkliche Ursprung deiner Einsamkeit.

Wenn wir uns »zu Hause« fühlen, verschwindet für gewöhnlich das Gefühl der Einsamkeit für einen kurzen Moment. Zu Hause zu sein ist mit Wärme, Geborgenheit und Sicherheit verbunden. Aber wo ist das »Zuhause« heutzutage, im Zeitalter der Schnelllebigkeit?

Dein Zuhause befindet sich in dir. Es ist eine Insel, auf die du zurückkehren möchtest. Und das ist keine bloße theoretische Aussage, sondern eine reale Möglichkeit.

Dagegen ist die Einsamkeit wie ein Vakuum in uns. Wir mögen sie nicht. Wir fühlen uns mit ihr nicht wohl, sträuben und wehren uns gegen sie. Also versuchen wir, dieses unangenehme Vakuum mit Dingen und Erlebnissen zu füllen.

Zum Beispiel glauben wir manchmal, dass wir die Einsamkeit auflösen können, indem wir uns intensiv mit anderen Menschen verbinden. Unsere Technologie bietet uns viele Möglichkeiten, »connected« zu bleiben. Dazuzugehören bedeutet stundenlanges Posting und Empfangen von Nachrichten. Wir posten unsere Urlaubsfotos, wir teilen unsere Meinung (die möglichst nicht von der Meinung der Herde abweicht) und wir zeigen allen, die es sehen wollen, unsere Stimmung.

Wir empfangen dasselbe von wildfremden Menschen. Wir liken und disliken. Werden geliked oder auch nicht. Aber es hilft alles nicht. Diese sinnlose Art des connected-Seins ist, wie bereits besprochen, ironischerweise ein weiterer Aspekt, der die Einsamkeit schürt, weil es ein Fass ohne Boden ist.

Viele Menschen zu kennen oder um sich zu haben, löst scheinbar das nagende Gefühl der Isolation nicht auf.

Wir haben die echte Verbundenheit mit uns selbst verloren. Wir sind hier, wir atmen, wir sind lebendig. Aber wir wissen nicht, dass wir das tun und sind.

Die Pandemie der Einsamkeit braucht offensichtlich ein ungewöhnliches und besonders magisches Heilmittel. Jedenfalls nichts von dem, was wir bereits kennen. Es ist an der Zeit, neue Ufer zu entdecken.

Ich schlage vor, dass du dir als Erstes einen Anker setzt, um dich zu erden, damit du in der Komplexität nicht verloren gehst.

Setze deinen Anker und erde dich

Optimistisch, spirituell und mit dem Universum verbunden zu sein, heißt in der Mainstream-Esoterik: »Bloß nicht jammern und bloß keine negativen Schwingungen verbreiten.«

Wir gehen hier einen anderen spirituellen Weg, weil wir verstanden haben, dass das, was sich jetzt in uns zeigt, unsere ganze Aufmerksamkeit und Liebe braucht. Einen Raum oder einen Zufluchtsort zu finden, in dem du ehrlich und offen dein Befinden äußern kannst, in dem du dich reinigen, erden und heilen kannst, wird in der folgenden Übung dein Bestreben sein.

Ich werde dir jetzt zeigen, wie du mühelos einen geschützten Raum erschaffen kannst. Einen Raum, in dem du dich abreagieren und du selbst sein kannst – ohne verurteilt zu werden.

Wie kannst du dich am besten erden? Der beste Weg, sich zu erden und in die Verbundenheit mit sich selbst zurückzukehren, ist durch Rituale. Dabei meine ich nichts Religiöses. Verbundenheit wird durch die für uns bedeutsamen Dinge, zu denen wir regelmäßig zurückkehren, erzeugt. Ein Ritual ist immer mit einer Absicht und mit einer sich wiederholenden Aktion verbunden – wie eine Angewohnheit.

Ein Altar soll dir hierbei als Anker dienen. Ein Altar ist ein Platz, an dem du dir die Möglichkeit gibst, zu dir zu kommen und bei dir zu sein.

Gestalte dir solch einen kleinen Altar. Einen Platz, an dem du kleine Dinge, die dir wichtig sind, Dinge, die dich inspirieren, dich erheben und dir wertvoll sind, hinstellst.

Warum einen Altar errichten? Wir errichten ständig Altäre. Manche erschaffen wir absichtlich, andere erschaffen wir unbewusst und wieder andere aus Tradition und Gewohnheit.

Die Fotos deiner Familie und Freunde auf deinem Sideboard sind ein Altar. Deine Medienecke mit Musikplatten und Büchern oder deine Fernsehwand sind Altäre. Selbst dein Bürotisch und dein persönlicher Desktophintergrund sind Altäre. Altäre werden aus einer

Vielzahl von Gründen gebaut und es gibt sie seit jeher und in vielen Glaubensrichtungen. Ein Altar ist jedoch auch ein Platz, der unabhängig von einem Glaubenssystem ein Gefühl der Erdung und Verbindung vermittelt.

Altäre können verschiedene Formen annehmen. Manche sind groß und nehmen ganze Räume ein. Andere sind so klein, dass sie in Taschen passen. Manche sind mit Reichtümern, Erinnerungen oder Reliquien geschmückt. Andere sind spärlich mit einfachen Dingen wie Steinen und Blumen dekoriert. Der gemeinsame Nenner, der alle Altäre miteinander verbindet, ist, dass sie das Vertrauen und die Verbundenheit stärken. Das Errichten eines Altars ist eine Möglichkeit, das eigene Vertrauen in dich selbst und in den Prozess, den du gerade durchmachst, zu vertiefen. Er bietet dir einen greifbaren Ort, an dem du dich zentrieren und auf dich konzentrieren kannst. Er kann zusätzlich ein ruhiger, heiliger Ort sein, der deine Verbindung zu dem, was du für göttlich hältst, stärkt.

Die Errichtung eines Altars mit der Absicht der Transformation ist eine wirkungsvolle Methode, um den Fokus auf die eigenen Absichten zu richten. Ein persönlicher Altar ermöglicht dir, innezuhalten und präsent zu sein. Er ist ein zutiefst persönlicher Ort der Besinnung und der Selbstbeobachtung. Der Zweck deines Altars wird die Transformation sein. Ein Platz, der dich in einer aufwühlenden Zeit unterstützt und erdet.

Wenn du über eine Situation zu viel nachdenkst, liegt das daran, dass du innerlich aufgewühlt bist. Ein persönlicher Altar ist ein physischer Ausdruck für die Art von Klarheit, die du erreichen kannst, wenn du dich mit deinem Inneren verbindest.

Er schafft eine Umgebung mit der Aura von Ruhe und ist eine zugängliche Quelle für klare und nährende Energie. Deinen persönlichen Altar suchst du auf, um deine Dankbarkeit für das, was gut läuft, zum Ausdruck zu bringen oder wenn du einen Ort brauchst, um deine Frustration in einer friedlichen Umgebung zu verarbeiten.

Bewusstseinsarbeit
Nr. 1

Wie du einen Altar für
deine Transformation errichtest

Bewusstseinsarbeit Nr. 1

Der erste Schritt bei der Gestaltung deines Altars besteht darin, dir über seinen Zweck klar zu werden. Überlege dir, welche deiner inneren Aspekte eine Transformation brauchen.

Welche Aspekte deines Lebens möchtest du gern ändern oder verbessern?

Zum Beispiel könntest du dir wünschen, deine Selbstablehnung in Selbstliebe zu verwandeln, oder du möchtest deine innere Unsicherheit in Selbstvertrauen oder Selbstakzeptanz umwandeln. Nimm dir Zeit, um über diese Fragen nachzudenken, bevor du damit beginnst, deinen Altar zu gestalten.

Schreib das Thema, das du an deinem Altar reflektieren möchtest, auf ein Blatt Papier. Möchtest du z. B. deine Selbstablehnung in Selbstliebe verwandeln, ist dein Thema die Selbstliebe. Dahingehend gestaltest du deinen Altar.

Wähle anschließend einen geeigneten Platz in deiner Wohnung oder deinem Garten.

Wähle ein geeignetes Material und eine Farbe passend zu deinem Thema, um den Altar zu gestalten. Wenn du an der Transformation einer speziellen Herausforderung arbeitest, möchtest du vielleicht eine leuchtende Farbe wie Rot oder Orange verwenden. Du kannst vorgehen, indem du entweder die Farbsymbolik deines Themas recherchierst oder einfach deiner Intuition vertraust.

Überlege dir nun bedeutende und aussagekräftige Symbole für deinen Altar. Alles, was du auf deinem Altar platzierst, sollte eine Bedeutung haben. Nimm dir die Zeit, auf das zu hören, was du dir am meisten wünschst. Achte darauf, welche Gegenstände oder Symbole dir immer wieder begegnen. Vertraue darauf, dass dies eine tiefere Bedeutung für dich hat. Platziere die Symbole als Figuren oder in Papierform auf deinem Altar.

Als Nächstes fügst du deinem Altar Dinge hinzu, die dich glücklich machen, z. B. ein Buch, ein Bild oder andere dich sentimental stimmende Gegenstände. Auch etwas aus der Natur, wie ein Blatt oder ein Stein, ist möglich.

Vielleicht suchst du nach mehr Klarheit über ein bestimmtes Lebensthema, dann möchtest du vielleicht einen einfachen und klaren Altar gestalten, der nur zwei bis drei Gegenstände enthält. Wenn du an der Selbstliebe arbeitest, möchtest du vielleicht einen Spiegel auf deinen Altar stellen. Wenn du dich auf die Heilung einer schwierigen vergangenen oder einer bestehenden Beziehung konzentrieren möchtest, hilft es vielleicht, etwas, das die Probleme und Teile von dir symbolisiert, die geheilt werden wollen, dazuzulegen. Ein Symbol für ein gebrochenes Herz, das Heilung braucht, könnte z. B. ein Bild einer offenen Lotusblüte sein. Vertraue in diesen Fragen deinem Bauchgefühl, auch wenn es zuerst keinen Sinn zu ergeben scheint.

Bring nun Lebenskraft auf deinen Altar. Stell Feuer in Form von Kerzen, Blumen oder einer Schale mit Wasser auf. Ein lebendiges Element, das gepflegt und beachtet werden muss, ist eine gute Möglichkeit, deine Aufmerksamkeit auf deinen Altar zu lenken und ihm einen Hauch von Lebenskraft und Magie zu verleihen.

Arbeite ab jetzt regelmäßig mit deinem Altar. Lege eine Praxis fest, die in deinen Zeitplan passt und bei der du jeden Tag mindestens fünf Minuten vor deinem Altar sitzen, stehen oder liegen kannst. Vielleicht möchtest du jeden Tag vor deinem Altar meditieren oder die Übungen aus diesem Buch dort machen. Es geht darum, mit ihm zu arbeiten, indem du deine Aufmerksamkeit, deine Absicht und deine Liebe auf das richtest, was sich in deinem Leben transformieren soll.

Gehst du täglich an denselben Ort, um dir zu begegnen, wissen deine unsichtbaren Helfer, wo sie dich finden.

Hör stets auf das, was auftaucht, wenn du vor deinem Altar sitzt. Beobachte, wie sich die Dinge in dir verändern und verschieben. Gestalte nach Bedarf deinen Altar immer wieder neu um, damit er deinen aktuellen Bedürfnissen entspricht. Du kannst deinen Altar so oft besuchen, wie du willst, aber strebe eine regelmäßige Zeit an.

Ich persönlich habe einen Altar in meinem Bücherregal errichtet. Er besteht aus einem goldenen Buddha (der mir von buddhistischen Mönchen vor 20 Jahren geschenkt wurde) und einem Lotus-Kerzenhalter. Ich zünde jeden Abend ein Teelicht auf meinem Altar an. Du kannst ebenso regelmäßig die Blumen wechseln oder täglich frisches Wasser hinstellen. Das sorgt für Beständigkeit, die für die Erdung deiner Energie entscheidend ist.

Jetzt hast du einen Grundstein gelegt, um die Verbindung mit dir selbst zu halten. Das ist dein kleiner Altar der Selbstliebe, Verbundenheit, Transformation und Präsenz. Kehre immer wieder dorthin zurück. Zünde deine Kerze an, wechsle das Wasser und die Blumen. Betrachte dich selbst, egal ob du einen guten oder einen miesen Tag hast.

Bewusstseinsarbeit Nr. 2

Lass uns über deinen Schmerz sprechen

Bewusstseinsarbeit Nr. 2

Jetzt und hier hast du die Chance, alles zu sagen, was dich an deinem jetzigen Zustand stört. Schreib in dein Tagebuch mindestens zehn Klagen über deine Einsamkeit auf. Du kannst deine Klagen mit eigenen Worten ausdrücken oder dich an folgenden Sätzen und Fragen orientieren:

- Lieber bleibe ich allein als …
- Wäre … anders, würde ich mich nicht so allein fühlen.
- Ich bin nur einsam, weil …
- Es ist so doof, allein zu sein, weil …
- Die Einsamkeit nervt mich, weil …
- Wäre ich nicht so einsam, könnte ich …
- Dieses Gefühl macht mich traurig, weil …
- Was mich an der Einsamkeit am meisten stört, ist …
- Würden die Menschen …, wäre ich schon in einer glücklichen Beziehung.
- Ich habe große Angst, dass die Einsamkeit …

Sag jetzt bitte die ganze Wahrheit und halte nichts zurück:

- Was an deiner Einsamkeit macht dich wahnsinnig?
- Über was beklagst du dich am meisten?
- Welche Schwierigkeiten begegnen dir in der Einsamkeit?
- Wer oder was steht zwischen dir und der gewünschten Verbindung, die du so sehnsuchtsvoll erleben willst?
- Was ist es, das du bezüglich deiner Einsamkeit nicht sehen oder zugeben willst?
- Wovor schützt dich die Einsamkeit?
- Welche emotionalen Verletzungen möchtest du nie wieder erleben?
- Was haben diese emotionalen Verletzungen mit dir gemacht?
- Welche Erkenntnisse über die Welt und die Menschen sind die Folge dieser emotionalen Verletzungen? Was möchtest du in einer Beziehung auf keinen Fall erleben?

Atme nach der Übung tief ein und tief aus. Schau dir deine Antworten anschließend genau an und lies sie dir laut vor.

Siehe da! In diesen Zeilen, die du gerade geschrieben hast, steht dein persönlicher »Beziehungsmythos«.

Was ist ein Beziehungsmythos? Dein Beziehungsmythos ist die Geschichte hinter deiner Einsamkeit. Das ist der Mythos, den du dir selbst ständig erzählst.

Der Fehler, den wir oft machen, ist, dass wir unsere emotionalen Schmerzen in Leid verwandeln. Emotionaler Schmerz und das Leiden sind ziemlich unterschiedlich. Gefühlte emotionale Schmerzen kannst du nicht verhindern oder ihnen entgehen. Wenn du dies versuchst, schnappt die Opferfalle zu und du verfehlst die Chance, an deinem Schmerz zu wachsen.

Lehnen wir unseren Schmerz ab, entwickeln wir für gewöhnlich übertriebene Interpretationen und Geschichten über die Bedeutung unseres Schmerzes. Oft übernehmen wir diese Interpretationen sowie die Perspektive und die Art, wie wir auf unseren Schmerz reagieren, ungeprüft von unseren Eltern, Verwandten und Vorfahren. Genau das führt zu unserem Leiden.

99 Prozent des Leidens, das wir erleben, liegt an den Mythen und Interpretationen, die wir erfinden, übernehmen und immer wiederholen. Anstatt den Schmerz zu nutzen, werden wir durch die Geschichten, die wir uns und anderen erzählen, zu seinem Opfer.

Die Wahrheit ist, dass diese Geschichten oder Mythen nicht dein Schicksal sind. Dennoch, halte vorerst an deinem Beziehungsmythos fest. In ihm sind viele schöne Erkenntnisse für dich versteckt – wie in jeder spannenden Geschichte.

Erfolgsrezepte und Regeln

Dein ganzes Leben lang hat man dir gesagt, dass es entweder rechts oder links entlang geht. Man hat dir gezeigt, wie du auf Herausforderungen reagieren sollst, wenn die Welt nicht nach den vorgegebenen Regeln spielt. Du bist in die Fußstapfen deiner Helden getreten, in dem Glauben, dass es einen richtigen und einen falschen Weg gibt. Und jetzt stehst du vor der Wahrheit und Wirklichkeit deines bisherigen Lebens. Viele der Erfolgsrezepte und Regeln haben dir nichts genutzt. Es wird dir auch nie etwas bringen, die Wahrheiten anderer als deine eigenen zu leben. Wenn du die nächste Ebene deiner Transformation erreichen willst, musst du anders denken und neue, unbekannte Wege gehen.

Die Einsamkeit und das Gefühl, abgeschnitten zu sein, sind gesellschaftliche Phänomene. Zahlreiche andere Frauen stehen genau dort, wo du auch stehst. Auch ihr Leben ist das Resultat von Konzepten und einer Moral, die ihnen vorgegeben wurde. Auch sie sind das geformte Produkt ihrer Familien. Das, was du über dich denkst, fühlst und über dich glaubst, gleicht dem aller, die diese gesellschaftliche Programmierung durchgemacht haben. Dein Charakter, deine Art, dich zu bewegen und zu sprechen, ist lediglich eine Imitation deiner Mutter, deines Vaters, deiner Erziehungsberechtigten und aller dir nahestehenden Menschen sowie der Menschen, die du bewunderst. Es gibt nur sehr wenige Dinge, die nur dir gehören. Deine Vergangenheit hat dich geformt und alles, was du jetzt erlebst, ist in der Vergangenheit kreiert worden.

Deshalb wird deine Reise dich in dieser Lektion des Buches in deine Vergangenheit führen. Deine Vergangenheit ist das, was dich in deiner Situation festhält. Deine Vergangenheit und das, was du darüber glaubst, bestimmen, was du heute fühlst, welche Entscheidungen du treffen wirst und welche Aussicht du auf deine Zukunft hast.

Was sind eigentlich Eltern?

Eltern sind liebenswerte menschliche Kreaturen mit vielen Stärken und genauso vielen Unsicherheiten. Als Kind lieben wir für gewöhnlich unsere Eltern und sehen sie als göttergleiche Wesen an. Die Wahrheit ist, dass auch deine geliebten Eltern nichts über Erziehung wissen. Die Erfahrung, Kinder zu erziehen, ist für sie immer ein Experiment gewesen. Sie haben lediglich das gemacht, was sie für richtig oder nötig gehalten haben. Sie haben sich an das gehalten, was sich vernünftig angehört hat, und das, was sie von ihrer eigenen Erziehung durch ihre Eltern übernommen haben.

Du bist bei ganz gewöhnlichen menschlichen Wesen auf die Welt gekommen. Gewöhnliche menschliche Wesen machen sehr viele gewöhnliche menschliche Fehler. Es gibt nichts, was deine Eltern hätten anders oder besser machen können, weil es auch nichts gibt, was sie hätten anders oder besser wissen können. Deine Eltern haben viele deiner Probleme mitverursacht, aber du bist selbst für die Lösung dieser Probleme verantwortlich. Vorwürfe den Eltern gegenüber sind nutzlos. Weder du noch deine Eltern können das Geschehene ändern.

Dein Vater ist einfach ein Kerl, ein Typ, ein Bursche, ein Freund, ein Gemahl. Ein verwirrter kleiner Junge, der auch nur versucht, mit dem Leben zurechtzukommen. Er ist sicher nicht ohne Makel. Die Tatsache, dass er es geschafft hat, deine Mutter zu schwängern, heißt bestimmt nicht, dass er damit aufgehört hat, sich wie ein Mensch zu fühlen und sich entsprechend zu verhalten.

Es gibt tatsächlich solche Männer, die in ihrer Aufgabe als Vater aufgehen und erblühen. Das ist wunderschön und berührend. Aber die meisten Väter bleiben genauso widersprüchlich, unsicher und kleinkariert wie der Mensch, der sie vor der Geburt ihres Kindes waren. Ein Kind zu haben, verwandelt einen unsicheren Jungen noch lange nicht in einen klugen, perfekten und liebevollen Vater.

Vielleicht warst du kein Wunschkind oder dein Vater fand dich aus seiner Sicht misslungen. Seine Enttäuschung zeigt sich verständlicherweise in seiner Haltung und seinem Umgang mit dir. Oder er spielt seine Rolle, weil er aus Verantwortungsgefühl und gesellschaftlichen Zwängen bei deiner Mutter geblieben ist.

Du weißt, dass das Leben nicht ganz so reibungslos verläuft wie im Bilderbuch oder in den Disney-Filmen, die dich immer zu Tränen rühren. Es ist nicht deine Schuld, dass dein Vater der Mann ist, der er ist. Lass nicht zu, dass dieser Kerl deine Meinung über dich selbst bestimmt. Die meisten Väter sind, wie schon gesagt, keine perfekten Menschen. Vergib diesem Mann so, wie du jedem unsicheren Menschen oder verwirrten Dummkopf vergeben würdest.

Das Thema mit dem Vater

Um dich auf das Thema mit deinem Vater aufmerksam zu machen, möchte ich dir von Karin, einer ehemaligen Klientin von mir, erzählen. Selbstverständlich verwende ich alle Beispiele mit der Erlaubnis meiner Klienten und ihre Namen sind verändert.

Karin kam zu mir, weil sie an einer unerträglichen Einsamkeit litt, obwohl sie in einer Beziehung lebte. Sie hatte ständig mit dem Gefühl von Wertlosigkeit zu kämpfen, obwohl sie von außen als erfolgreich bezeichnet werden konnte. In einer Sitzung kamen wir auf ihren Vater zu sprechen.

Karins Vater war für sie wie ein Gott, sie liebte ihn über alle Maßen und sehnte sich ihr Leben lang nach seiner Liebe und Zuneigung. Er war ein kluger, angesehener Jurist und eine dominante Vaterfigur. Er stand emotional nicht für seine Familie zur Verfügung. Er war außerdem pedantisch, perfektionistisch und erwartete von Karin als ältester Tochter ein tadelloses, vorbildliches Benehmen sowie das Erbringen von Höchstleistungen.

In der Sitzung erinnerte sich Karin an eine einschneidende und prägende Situation. Bei einem Reitturnier, Karin war damals 15 Jahre alt, belegte sie den zweiten Platz. Ihr Vater konnte nicht akzeptieren, dass Karin das Rennen nicht gewonnen hatte, und nannte sie später vor der gesamten Verwandtschaft eine Niete. Als sie widersprach, gab es eine Ohrfeige. Ihre schwache, unterwürfige Mutter war keine Hilfe und vermochte weder Karin zu trösten noch für sie einzustehen.

Karins Vater zeigte zusätzlich seine Enttäuschung über den zweiten Platz im Turnier, indem er sie wochenlang nicht beachtete. Dieses Ereignis hat Karin zutiefst verletzt. Sie hatte später nie das Gefühl, etwas in ihrem Leben erreicht zu haben, obwohl sie eine erfolgreiche Anwältin war. Innerlich lehnte sie sich ab. Ihre innere Leere kompensierte sie mit übermäßigem Essen, Überstunden bei der Arbeit und Alkohol. Karin war unsicher und hatte Angst, in allen Bereichen ihres Lebens zu versagen. Sie fühlte sich einsam und hielt sich für beziehungsunfähig. Diese Haltung definierte ihre Beziehungen für viele Jahre. Dennoch spürte sie eine unersättliche Sehnsucht nach männlicher Anerkennung.

Karin war im Studium eine Ausnahmestudentin. Ihre Karriere war steil und von Erfolg gekrönt, aber das alles erfüllte sie nicht. Sie hatte nicht das Gefühl, sie selbst sein zu können. Sie fühlte sich wie eine Schauspielerin, die bis in alle Ewigkeit in eine Rolle gezwängt war. Ihr war, als müsste sie sich ständig als eine Elite-Spitzenklasse-Frau porträtieren, damit Männer sie als etwas Besonderes sehen konnten.

Wenn wir unsere Leben an Schablonen ausrichten oder uns besonders anstrengen, um Anerkennung zu bekommen, wird unsere innere Unsicherheit immer größer. Eine innere Stimme verbessert uns ständig und versucht, uns unsere Wertlosigkeit zu beweisen. Auch wenn wir andere vom Gegenteil überzeugen können, wissen wir um unsere vermeintliche Wertlosigkeit.

Viele Frauen können sich mit dieser Geschichte identifizieren. Einige von uns haben auch Geschwister oder gleichaltrige Verwandte, die vom Vater bevorzugt behandelt wurden, weil sie mehr Persönlichkeit oder Talente besaßen oder weil sie einfach entzückender waren. Das führte dazu, dass man andere trickreiche Wege suchte, um ebenfalls Beachtung zu finden.

Der Vater ist der erste Mann, in den wir uns als Mädchen verlieben. Von diesem Mann, der dich uneingeschränkt lieben sollte, nicht beachtet zu werden, ist überaus herzzerreißend.

Was sind eigentlich Eltern?

Bewusstseinsarbeit
Nr. 3

Werkzeug zur emotionalen Befreiung

Alles über deinen Vater aufzuschreiben, was er deiner Meinung nach falsch gemacht hat, was dich am meisten frustriert hat, und zuzugeben, dass es dir immer noch wehtut, ist ein guter Anfang. Unterdrücke und beschönige diese Gefühle nicht. Das Unterdrücken dieser Gefühle ist genau das, was dich schwach macht.

Konfrontiere jetzt in deinem Tagebuch deinen Vater. Schreib alles auf, was du ihm vorwirfst – auch wenn es kleinlich wirkt.

Dein Vater ist weggelaufen?
Sag ihm, was das mit dir gemacht hat.
Dein Vater war/ist süchtig?
Sag ihm, wie sehr dir das Angst gemacht hat.
Dein Vater war ein Lügner?
Sag ihm, wie er dein Vertrauen missbraucht hat.
Dein Vater hat dich nicht geliebt?
Sag ihm, wie verzweifelt du darüber bist.
Dein Vater war nicht vorhanden?
Sag ihm, wie sehr du ihn gebraucht hast.
Dein Vater hat dich misshandelt?
Sag ihm, was er damit in dir gebrochen hat.

Spüre bei dieser Übung deine Wut, sei verwundbar und habe Mitgefühl für dich selbst. Weine, heule, brülle, bis du nicht mehr kannst.

Trockne jetzt deine Tränen und lass alles los. Atme tief aus. Es geht hier nicht darum, sich selbst zu bemitleiden, es geht darum, die Geschichte zu erkennen, die unter all deinem Schmerz schlummert. Ja, dein Leben wurde von irgendeiner Art Misshandlung, Verlassenheit, Enttäuschung oder fehlender Liebe geformt. Du brauchst niemanden, der dich tröstet und bemitleidet. Du kannst nicht darauf warten, dass jemand kommt und dich von deinem Kindheitstrauma befreit. Du musst dich selbst retten. Erkenne, wie lange du schon mit dem Finger nach hinten in deine Vergangenheit zeigst und deine Verletzungen mit den Geschichten, die du dir erzählst, rechtfertigst.

Das Thema mit der Mutter

Das Gleiche gilt ebenso für deine Mutter. Auch sie ist nicht makellos, nur weil sie Kinder in die Welt gesetzt hat. Die Worte deiner Mutter mögen weise sein, aber sie sind nicht das Evangelium. Es ist für dich wichtig, das Verhalten und die Motive deiner Mutter zu hinterfragen. Nur weil sie mit deinem Vater zusammen war und Mutter geworden ist, heißt das nicht, dass sie genau wusste, was sie tat, als sie dich erzogen hat.

Vielleicht wusste deine Mutter nicht, was sie erwarten würde, als sie sich für ein Kind entschied. Viele Frauen kämpfen in ihrem Inneren mit ihrer Unsicherheit und sind oft überfordert – auch wenn sie sich liebevoll um ihre Kinder kümmern. Nur weil sie Mütter sind, heißt das nicht, dass sie erwachsen sind und alles über das Leben, die Erziehung und die Liebe begriffen haben.

Was für eine Frau ist mit jemandem wie deinem Vater zusammen? Ist sie eine Frau, die genau weiß, was sie will? Oder ist sie ein Mensch, der einfach versucht, das Beste aus dem zu machen, was das Leben ihm vor die Nase setzt? Unsere Mütter sind unser größter Einfluss, wenn es darum geht, wie wir die Welt erleben und was wir über das Leben glauben und denken. Deine Mutter konnte dir vielleicht guten Rat aus ihrer Erfahrung geben, um dich davor zu bewahren, dieselben Fehler zu machen, die sie gemacht hat. Ist sie innerlich klar und aufgeräumt oder macht sie nur das, was im Rahmen ihrer begrenzten Möglichkeiten liegt?

Auch deine Mutter kannst du betrachten wie jede andere Frau und dich ernsthaft fragen, ob sie die Weisheit des Buddhas in sich trägt. Oder ist sie einfach eine Hexe, eine Freundin oder eine Herrscherin, die ihre Lebenserfahrung machen, ihre Lebensprüfungen durchleiden und ständig dazulernen muss? Nur weil sie für dich da sein soll, heißt das nicht, dass sie wirklich versteht, wie das geht. Sie kann dir nur das weitergeben, was sie bekommen hat. Sie ist nicht perfekt. Auch deine Mutter muss ständig ihr Wissen über das Leben aktualisieren und auch sie macht Fehler.

Vergib deiner Mutter, genauso wie du deinem Vater vergibst. Egal welche Geister aus deiner Vergangenheit dich heimsuchen, nimm mit der schriftlichen Aufgabe Nr. 3 die Auseinandersetzung mit ihnen auf und lass sie schließlich los. An dieser Stelle muss erwähnt werden, dass es äußerst wichtig ist, gerade bei sexuellem, physischem und psychischem Missbrauch mit einem auf Traumata spezialisierten Therapeuten zu arbeiten.

Ob es ein Ex-Freund aus der Schulzeit ist, der dich so verletzt hat, dass du heute Angst hast, dich für neue Menschen zu öffnen, oder die ehemalige beste Freundin, die dich verraten und hinter deinem Rücken gelästert hat, sodass du heute Frauen als hinterlistige Weibsbilder betrachtest und Schwierigkeiten hast, Freundinnen in deinem Leben einen Platz einzuräumen: Gib diesen Menschen keine Macht mehr über dich.

Vergib den Kindern, die dich wegen eines körperlichen Makels wie schiefen Zähnen, einer dicken Brille, einer anderen Hautfarbe oder einer körperlichen Behinderung ausgelacht oder ausgeschlossen und damit dauerhafte Komplexe in dir verursacht haben. Diese Verletzungen heilen erst, wenn du dich bewusst mit ihnen konfrontierst und sie nicht kosmetisch wegradierst.

Erst nach einer offenen Konfrontation hörst du allmählich auf, diese vergangenen Geister als Ausrede für deinen jetzigen Zustand zu benutzen. Lass nicht zu, dass das, was andere gemacht haben, dein Inneres auffrisst, dich lahmlegt und abschneidet. Damit gibst du ihnen besonders viel Macht über deinen Verstand und über deine Gefühle.

»Es ist nicht fair dieses und es ist nicht fair jenes« ist das Gerede aus einer Opferhaltung heraus und gehört zu einem Beziehungsmythos.
Menschen verletzen sich gegenseitig. Es ist nun mal so.

Versteh die Lektion, die das Leben dich lehren möchte. Entwickle dich weiter. Dein Groll verletzt nur dich. Egal wie erschreckend und grausam deine vergangenen Erfahrungen waren, du musst dich heute mit ihnen konfrontieren, sie verstehen, sie integrieren und schließlich loslassen, anstatt sie zu unterdrücken und Bitterkeit mit dir herumzutragen. Die Bitterkeit und die unterdrückten Emotionen werden sich in deinem Verhalten wiedergeben und du wirst mit ihnen bis zum Ende deiner Tage ringen.
Ganz egal, was dir passiert ist, du bist hier und du stehst. Deine Kindheit war deine Kindheit und alles sollte so sein, um deine unvergleichliche Persönlichkeit zu prägen. Alles, was dazu geführt hat, dass du dich verachtest, wird dich weiter blockieren, wenn du es zulässt. All deine Erfahrungen haben dich genau hierher-, genau zu diesem Buch gebracht. Deine Weiterentwicklung hängt unmittelbar von deinen vergangenen Qualen ab. Du solltest verletzt werden, du solltest verlassen werden, du solltest gehänselt werden, damit du dich entwickeln kannst. Das war deine Herausforderung, deine persönliche Reise. Das Leben möchte dich nicht quälen und bestrafen, sondern dich wie einen Diamanten schleifen.
Und genau das ist geschehen. Jetzt kannst du damit beginnen, deinen Übeltätern aus der Vergangenheit zu vergeben und dein Universum neu aufzubauen.

Unsere Gaben und unsere Bestimmung

Wenn wir aus dem Schoß unserer Mutter auf die Welt kommen, bringen wir zweierlei Gaben mit uns. Die einen sind unsere Talente – musikalisch, sprachlich, mathematisch, intuitiv etc. Diese Talente gehören uns nicht. Unsere Talente sind unsere Geschenke an die Welt.

Man kann es mit einem Hirten vergleichen, der Hunderte von Schafen hält. Man könnte meinen, dass die Schafe ihm gehören, aber das tun sie nicht. Seine Aufgabe ist es, die Wolle und das Fleisch an die Menschen zu liefern. Natürlich verdient er damit sein Geld. Aber es profitieren auch seine Mitmenschen davon, dass er die Schafe mit ihnen teilt. Genauso verhält es sich mit unseren Talenten. Wir haben zwar die Berechtigung, mit unseren Talenten Geld zu verdienen, aber wir haben die Gaben mitgebracht, um damit unseren Mitmenschen eine Unterstützung zu sein.

Die zweite Gabe sind unsere Probleme oder, besser gesagt, unsere Einschränkungen. Jeder von uns hat spezifische Einschränkungen in der Reisetasche, mit denen er sich ein Leben lang befassen muss.

Es kann z. B. sein, dass du Mut, Mitgefühl oder Vergebung entwickeln musst. Und die Einschränkungen, die dir in deinem Leben begegnen, sind die Garantie dafür, dass du diese Aspekte entwickelst, wenn du lernst, sie zu überwinden.

Oft verpassen wir es, diese Chance zu nutzen, und projizieren stattdessen unsere Einschränkungen auf andere Menschen: »Ich bin nur einsam, weil die anderen mich nicht lieben wollen.« Wir beschuldigen die anderen für das, was wir selbst in uns erzeugen müssen. Wir projizieren unsere Einschränkungen und horten – wie ein Eichhörnchen seine Vorräte – unsere Gaben, die für andere bestimmt sind. Dann wundern wir uns, warum uns das Leben so schwierig und so limitiert erscheint. Wenn wir Groll gegen andere hegen und uns in unser Schneckenhaus zurückziehen, halten wir uns selbst davon ab, so zu leben, wie unsere Seele es möchte. Deshalb möchte ich hier auf die Gabe der Vergebung eingehen.

Was ist die tiefere Bedeutung von Vergebung? Viele Menschen sind der Überzeugung, echte Vergebung sei unmöglich und eher ungünstig für das Opfer, weil es dadurch die Macht an den Täter abgibt. Eines stimmt: Vergebung ist nicht leicht und braucht ein großzügiges Herz. Die vermeintliche Tatsache, dass sie die Opferrolle verstärkt, kann man jedoch auch anders betrachten. Vergebung ist gerade so bedeutend, weil sie die Macht hat, uns vom Opfer zum Sieger zu verwandeln.

Vergebung ist eine großzügige Entscheidung, die nur aus einem mutigen Herzen heraus getroffen werden kann. Dein Herz muss dafür bereit sein, die Notwendigkeit aufzugeben, die vergangenen Taten anderer als Grund für die eigene Misere heranzuziehen.

Vergebung ist keine stille Billigung des Verhaltens anderer. Es geht darum, dass du dir erlaubst, weiter zu einem besseren inneren Ort zu gehen. Vergebung bedeutet, deine eigene Kraft und Macht zurückzuholen und die Blockaden, die die Taten der anderen in dir verursacht haben, zu durchbrechen.

Es geht bei der Vergebung darum, deine eigenen Wunden zu heilen – wohlwissend, dass die Täter mit ihrem Gewissen und ihren eigenen Einschränkungen selbst zurechtkommen müssen. Ein Akt der Vergebung hilft dir dabei, deinen Schmerz, deine Wut, deine Schuldzuweisung und deine Reue loszulassen. Es geht nicht darum, einem Täter einen Freifahrtschein zu gewähren. Es geht darum, dich selbst von jeglichem schmerzenden Einfluss, den der Täter auf dein Leben genommen hat, zu befreien.

Vergebung bedeutet, Liebe anstatt Groll zu wählen. Das bedeutet, dass du der Liebe für dich selbst eine größere Macht einräumst als dem Groll gegenüber den anderen. Du vergibst den anderen nicht, damit sie frei sind, sondern damit du frei wirst.

Ist dein Herz groß und mutig genug, um anderen zu vergeben, weißt du, dass alle Wunden geheilt sind. Du befreist dich von deinem tiefen Schmerz und wirst wieder ganz. Vergebung ist deine Wahl und deine Rettung und Erlösung aus dem einfachen Grund, weil sie dich befreit.

Es ist für uns so entscheidend, uns selbst und anderen zu vergeben für das, was wir uns selbst und was uns andere angetan haben. Auch wenn wir es für unverzeihlich halten. Es ist der einzige Weg, um glücklich zu werden, und es geht in deinem Leben nun mal um dein Glück, um deine Zufriedenheit und darum, dass du das Beste aus deinem Leben herausholst. Also vergib dir und den anderen, damit du dich von allem befreien kannst, was dich davon abhält, in deine wahre Größe zu kommen.

Wenn wir uns das, was wir falsch gemacht haben, vergeben können und uns damit immer mehr annehmen, wächst unsere Selbstliebe. Daher kannst du dir jetzt die Zeit gönnen und aufschreiben, was dir aus der Vergangenheit leidtut und wofür du dir selbst vergeben willst.

Bewusstseinsarbeit Nr. 4

Deine Wunden durch Vergebung heilen

Du wirst dich nach der folgenden Übung besser fühlen und erkennen, dass Selbstachtung notwendig ist, um dir selbst zu vergeben. Der größte Akt der Selbstliebe ist Selbstvergebung. Egal wie furchtbar die Dinge waren, die du getan hast, du wusstest es zu dem Zeitpunkt einfach nicht besser. Schaffst du es, dir dafür zu vergeben, kannst du dir selbst wieder näherkommen.

Schreib in deinem Tagebuch auf, was du dir selbst vergeben willst, wie du dich selbst und andere verletzt hast und was du jetzt bereit bist zu heilen. Schreib alles auf und sei dir bewusst, dass du diese Übung machst, um dich zu befreien. Lass ruhig Tränen fließen, wenn sie aufkommen. Versuche, nichts zurückzuhalten. Du vergibst dir alles, was dich daran hindert, glücklich und erfüllt zu sein.

Du kannst die Sätze z. B. so beginnen:
Ich vergebe mir dafür, dass ...

Nimm dir mindestens 15 Minuten Zeit für diese kraftvolle Übung. Nachdem du alles aufrichtig niedergeschrieben hast, bittest du dich selbst mit den folgenden Worten um Vergebung. Sag die Sätze so oft, bis sie wirklich in dir ankommen:

Bitte vergib mir (dein Name), danke, ich liebe dich.
Bitte vergib mir (dein Name), danke, ich liebe dich.
Bitte vergib mir (dein Name), danke, ich liebe dich.

Atme danach tief durch und beobachte, wie du dich fühlst.

Und jetzt machst du genau dieselbe Übung, aber diesmal vergibst du Menschen, gegen die du Groll hegst. Ob deinem Ex-Partner, deinen Eltern oder deiner Freundin: Es geht um all die Menschen, die dir Schmerzen zugefügt haben. Denk bitte daran, dass diese Übung keine Rechtfertigung oder Absolution für verletzendes Verhalten ist. Du machst sie nur für dich, um dich von den Ketten und dem Schmerz zu lösen und dein Herz zu befreien.

Auch hier schreibst du alles auf, was du anderen vergeben möchtest. Je mehr du loslässt, desto mehr Energie wird dir wieder zur Verfügung stehen. Es entstehen in dir frische Kraft und Energie für neue Entdeckungen.
Nach dem Aufschreiben kannst du, wie zuvor in der Übung, folgenden Satz wiederholen, bis du das Gefühl hast, dass er tief in dir angekommen ist:

Ich vergebe dir (Name), danke, ich liebe dich.

Jetzt nimmst du alle deine Vergebungszettel in die Hand und verabschiedest dich von diesen Geschichten. Du kannst die Zettel verbrennen oder zerreißen und in den Müll außerhalb deiner Wohnung werfen. Wenn du möchtest, kannst du auf deinem Altar ein Symbol deiner Vergebung aufstellen.
Lass ruhig zu, dass sich diese Geschichten und Altlasten in dir auflösen, gib sie ab und befrei dich von ihnen. Befrei dich von allem, was dir bisher geschadet hat, und wende dich dem zu, was dich erfüllt.
Erst dann hast du die Kraft, so leben zu können, wie es dir entspricht.

Ändere deine Geschichte

Die Frage, die ich häufig von Frauen höre, die an ihrer Einsamkeit leiden, ist: »Warum erlebe ich das?« Das ist eine universelle Frage, die wir in den meisten unbequemen Situationen stellen. Wir suchen nach einer höheren Bedeutung unseres Erlebens.
Ich möchte dir eine andere Frage stellen: Wozu ist deine Erfahrung mit der Einsamkeit dienlich? Das ist eine wichtige kleine

Frage, die oft übersehen wird. Wenn du dir diese Frage stellst, um wirklich das Gute an deiner Situation zu erkennen, können die Antworten, die sich daraus ergeben, befreiend sein.

Hast du dich schon mal einfach hingesetzt, um dich herumgeschaut und gedacht: »Alles ist genau so, wie es sein soll. Alles ist an seinem richtigen Platz und es gibt nichts zu tun oder zu verändern. Es ist alles perfekt und stimmig«?
Ich bin mir sicher, dass solche Momente der Erleuchtung in deinem Leben vorkommen.

Die Frage »Wofür ist diese Erfahrung dienlich?« erzeugt einen Zustand in dir, in dem du alles, wie es jetzt ist, als stimmig und richtig erkennst.
Das Gegenteil dieses Zustandes ist, sich über das, was du gerade erlebst, zu beschweren und zu jammern.
Das Jammern ist eine unbewusste Gewohnheit, deshalb merken wir oft nicht, dass wir nörgeln, bis jemand uns darauf aufmerksam macht und uns sagt: »Süße, warum jammerst du ständig über dein Leben?« In dem Moment werden wir kurz wach und erkennen, dass wir wirklich dauernd im Klagemodus sind.
Wie das Wort »Beschweren« verdeutlicht, zieht uns das Jammern energetisch runter. Es macht uns schwer, höhlt uns aus und macht uns leer, weil wir glauben, dass es entweder etwas gibt, das nicht in unser Leben gehört oder das uns fehlt.
Unsere Beschwerden entspringen dem Vergleich unseres Lebens mit einem Idealzustand: das Ideal, wie das Leben sein sollte, im Vergleich dazu, wie das Leben auf keinen Fall sein darf.

Natürlich gibt es keinen optimalen Zustand des Seins. Alles könnte immer optimiert und zum Besseren justiert werden. Wir könnten immer etwas mehr Glück haben, etwas schlanker, intelligenter, spiritueller, schöner und mutiger sein. Das heißt aber nicht, dass es dir etwas nutzt, dich ständig daran zu erinnern und damit runterzuziehen, dass die Umstände besser sein könnten.

Die Fragen, die du dir stellen kannst, bevor du dich über deine Einsamkeit oder deine vergangenen Erfahrungen beschwerst, sind: Wofür ist dieser Zustand gut, genau so, wie er ist? Wofür ist meine Erfahrung dienlich?
Da das Nörgeln bei vielen Menschen eine unbewusste Gewohnheit ist, wird es Achtsamkeit und Wiederholung brauchen, um all deinen Herausforderungen bezüglich der Einsamkeit mit diesen Fragen begegnen zu können.
Die Einstellung, die diesen Fragen innewohnt, ist, die Dinge so zu sehen, als würden sie dir tatsächlich dienlich sein, als würdest du davon profitieren.
Deine Einsamkeit hat in Wirklichkeit einen Nutzen und einen Zweck. Sie gehört in diesem Moment genau dorthin, wo sie ist.

Schmerz ist der Preis des Lebens. Aber es ist ein Preis, der gut investiert einen großen Gewinn bringen kann. Lernst du, deinen Schmerz für deine Entwicklung zu nutzen, entsteht daraus ein immenses Mitgefühl für dich selbst. Dafür ist deine Einsamkeit z. B. gut. Du kannst lernen, für dich selbst da zu sein und dir die Wärme und Geborgenheit zu geben, die du ersehnst. Wenn es schwierig erscheint, für dich selbst da zu sein, kannst du dir diese Fragen stellen: Wofür ist diese Erfahrung, nicht für mich da sein zu können, dienlich? Wofür ist der Schmerz, der daraus entsteht, gut? Inwiefern ist er jetzt für mich von Vorteil?
Du musst den Schmerz nicht verändern, wenn du dir diese Fragen stellst. Stattdessen gehst du mit dem Schmerz in Kontakt und gibst ihm mehr Raum in deinem Leben. Er dient dir, um zu erkennen, wie schmerzhaft es ist, nicht für dich da sein zu wollen. Das wiederum hilft dir, dir selbst näherzu-

kommen. Er dient dir, um zu lernen, dir selbst die Wärme und Geborgenheit zu geben, die du ersehnst.

Du könntest jetzt denken, dass diese Art Übung ein »Think-positive«-Klassiker ist. Dass es darum geht, dir einzureden, wie wundervoll es ist, einsam zu sein. Aber das wäre nur Verleugnung. Darum geht es nicht. Ich zeige dir hier nicht auf, wie du dich verleugnest oder so tust, als sei alles superschön. Es geht nicht um Verdrängung. Es geht in dieser Übung darum, die Dinge anzuerkennen, wie sie sind, und die ihnen innewohnenden Lehren daraus zu ziehen. Es geht darum, die Schönheit und die Geometrie hinter dem Schmerz zu erkennen und diese für dich zu nutzen. Klar fühlt sich Einsamkeit nicht gut an und es ist auch anstrengend, an sich zu arbeiten, den eigenen Wunden und dem emotionalen Schmerz zu begegnen. Dennoch hat dieser Zustand einen Nutzen, der dir zugutekommen kann. Es kann die stagnierte Energie, die Schwere, die du über die Zeit angesammelt hast, in Bewegung bringen und dich für die Mehrdimensionalität deiner Herausforderungen öffnen.

Widerstehe deiner Einsamkeit nicht. Nutze diese Fragen, um den schmerzhaften Lehren, die unter deiner Einsamkeit verborgen liegen, ihre Existenz zu erlauben. Fühle sie und lass sie zu.

Wenn die Einsamkeit nach Anwendung der genannten Fragen nicht entweicht, fragen sich viele, ob es etwas gibt, das sie falsch machen. Warum bleibt trotz aller Bemühungen das Gefühl der Einsamkeit? Die Antwort ist, dass der Schmerz in erster Linie daher kommt, dass du strategisch versuchst, dich mit den Übungen der Einsamkeit zu widersetzen. Du möchtest sie schnell loswerden. Das funktioniert nicht, weil du deine Gefühle nicht wahrhaft zulässt und die Übungen nur als Trittbrett nutzt, um dich von ihnen zu befreien. Das ist Widerstand. Dein Schmerz kann nicht lange andauern, wenn du sie wahrhaft zulässt. Der Schmerz ist wie eine sich bewegende Energie, die ihren Lauf nehmen will. Lässt du ihn zu, hat er einen Anfang, einen Höhepunkt und ein Ende. Wenn du versuchst, die Bewegung deines Schmerzes zu unterdrücken oder abzuwenden, wird sie andauern. Der Schmerz ist nicht dein persönlicher Feind, der dich ein Leben lang quälen will. Er will sich wie alles im Leben ungehindert bewegen können und zu etwas Neuem werden.

Hast du also trotz aller Strategien ein Gedankenmuster oder einen emotionalen Schmerz, der partout nicht vergehen will, ist das ein Zeichen dafür, dass du dich der Bewegung widersetzt. Du untersuchst sie nicht, du verstehst ihre Lehre nicht, du begegnest ihr nicht offen und liebevoll, du fühlst sie nicht ganz.

Du kannst deinem Schmerz nicht authentisch begegnen mit der Agenda, ihn loswerden zu wollen. Das ist nicht Offenheit und Ehrlichkeit.

Deinem Schmerz und seinen Lehren offen und ehrlich zu begegnen und sie zuzulassen, ist keine Strategie, die du verwendest, um ihn loszuwerden.

Was du integrieren möchtest, sind Offenheit und Mut, um das zu fühlen, was da ist. Das kann dazu führen, dass du sogar dein Leid genießen kannst, weil du den darin innewohnenden Geschmack von Freiheit erkennst.

Deinem Schmerz Raum zu geben, macht dich innerlich frei. Ich möchte dich dazu ermuntern, anstatt vor ihm davon- direkt auf ihn zuzulaufen.

Wir haben viele Vorurteile gegenüber unseren emotionalen Schmerzen. Oft sind sie nicht willkommen. Bei unerträglichen emotionalen Schmerzen glauben wir sogar, psychisch krank zu sein. Aber Schmerz ist etwas sehr Menschliches. Lass die Illusion los, dass du dich eines Tages von jeglichen schmerzlichen Erfahrungen befreien kannst. Diese Erfahrungen sind Teil des Lebens. Sie machen dein Leben interessant, abenteuerlich und sie lassen dich wachsen. Wachstum und Entwicklung sind im engeren Sinn der Kern des Lebens.

Die Frage »Wofür ist meine Erfahrung mit der Einsamkeit dienlich?« hilft dir dabei, deinen Widerstand gegen den Schmerz der Einsamkeit zu lösen. Und wenn du keinen Widerstand mehr gegenüber deiner Einsamkeit verspürst, wirst du dich weniger darauf fokussieren – und genau das ermöglicht eine Transformation. Das ist der Punkt dieser Übung. Jedes Mal, wenn sich der Schmerz der Einsamkeit einschleicht, kannst du ihm mit Neugierde begegnen und dir diese Frage stellen.

Lass es uns gemeinsam ausprobieren.

Bewusstseinsarbeit
Nr. 5

Wie kann dir deine Erfahrung dienlich sein?

Geh jetzt zurück zu Übung Nr. 2 und such dir aus deiner Liste den Punkt aus, der dich an der Einsamkeit am meisten stört. Wie genau kann dir dieser Aspekt dienlich sein?

Schreib ein Beispiel oder gleich mehrere in dein Tagebuch. Dann spüre bewusst die Lehre, die dein Schmerz mit sich bringt, ohne etwas verändern zu wollen. Mach das so lange, bis du das Gefühl hast, dass sich etwas in dir entspannt hat oder du eine neue Erkenntnis gewonnen hast.

Wenn du möchtest, kannst du drei bis fünf weitere Punkte aus deiner Liste genauso bearbeiten.

Lass zu, dass die Lehren, die du entdeckst, für dich da sind, und lass sie dir dienlich sein. So veränderst du die Bedeutung und die Geschichte hinter der Erfahrung. Das kann dazu führen, dass Themen, die dich vorher gestört haben und gegen die du dich gewehrt hast, plötzlich überhaupt kein Problem mehr sind. Du merkst, dass sie da sein dürfen, weil sie zu dir gehören und weil sie gut und nützlich für dich sind. Sie bringen dir etwas bei und lassen dich über dich selbst hinauswachsen.

Die Wurzel allen Übels entfernen

Es gehört mittlerweile zum Allgemeinwissen, dass unsere Prägung, unsere Gedanken und Gefühle in enger Verbindung zu unserer Erfahrung stehen. Auch wenn diese Theorie nicht zu 100 Prozent in unserem Alltagsbewusstsein verankert ist, ist sie uns in lichten Momenten sehr deutlich.

Wir haben täglich zigtausende Gedanken. Diese Gedanken sind größtenteils immer dieselben. Wenn auch du davon überzeugt bist, dass deine Prägung und deine Gedanken in Verbindung zu deinen Erfahrungen stehen, dann verstehst du auch, dass sich wiederholende Gedanken immer zu gleichen Erfahrungen führen. Und gleiche Erfahrungen führen zu denselben Reaktionen und Emotionen, diese wiederum führen zurück zu denselben Gedanken. Was wir nicht heilen, wiederholen wir. Warum z. B. entscheidet sich eine Frau, mit Menschen zusammen zu sein, die genauso sind wie ihr Vater oder ihre Mutter, wenn ihre Eltern missbrauchend, emotional nicht verfügbar oder süchtig waren? Macht es nicht mehr Sinn, sich Menschen, die die entgegengesetzten Eigenschaften haben, auszusuchen? Was sich bei dieser Frau abspielt, ist das verwirrende psychologische Phänomen von »Wiederholungszwang«. Bei einem Wiederholungszwang verfallen wir immer wieder in ein traumatisches Ereignis oder dessen Umstände zurück. Dazu gehört, dass wir die vergangenen Ereignisse nachspielen oder uns in Situationen begeben, in denen sich das Ereignis wiederholen wird.

Warum ist einfach zu gehen oder sich radikal zu verändern für viele von uns, die instabilen oder traumatischen Beziehungen ausgesetzt sind, keine Option?

Warum ist es scheinbar keine attraktive Lösung, einfach damit aufzuhören oder gegenteilige Erfahrungen zu suchen?

Traumatisierte Menschen setzen sich zwanghaft Situationen aus, die sie an das ursprüngliche Trauma erinnern. Diese Wiederholungen werden selten bewusst mit früheren Lebenserfahrungen in Verbindung gebracht.

Veränderung scheint eine schwere Meisterleistung zu sein. Wir haben uns darauf programmiert, das Vertraute und Vorhersehbare zu suchen – auch wenn es bedeutet, dass wir immer wieder die gleichen Ereignisse, die uns emotional oder körperlich verletzt haben, rekonstruieren.

Warum wir in ungesunden Szenarien verbleiben, hat viele Gründe. Manchmal versuchen wir, auf diese Weise die Geschichte nachzuspielen und das Ergebnis zu verändern, um das zu beherrschen, was wir als Kind nicht kontrollieren konnten. Wir versuchen somit, einen Idealzustand herbeizuführen. Das Nachspielen von vergangenen Szenarien ist mit einer kindlichen Hoffnung verbunden, dass wir es dieses Mal richtig machen. Wir glauben, dass wenn wir die richtigen Worte verwenden, uns angepasster verhalten, unseren Kleidungsstil oder unser Aussehen optimieren, unsere Leistungen steigern oder eine andere Verhaltensänderung vornehmen, unser Gegenüber (oft ein symbolischer Ersatz für den Aggressor) uns annehmen und lieben wird. Unbewusst sind wir davon überzeugt, dass wir im Leben dieses Gegenübers allmächtig sind und die Macht haben, sie zu befriedigen, um dadurch ihre Liebe und Zuneigung zu erlangen. Werden wir trotzdem schlecht behandelt, glauben wir, es verdient zu haben, weil mit uns etwas nicht stimmt.

Das zwanghafte Wiederholen eines Traumas kann ein vorübergehendes Gefühl der Macht vermitteln und zuweilen sogar lustvoll sein. Letztendlich bleibt aber Hilflosigkeit, die Überzeugung, nicht zu genügen, und ein unerträgliches Gefühl von Kontrollverlust zurück. Jeder Ansatz, aus dem Kreislauf herauszukommen, selbst wenn man überzeugt ist, dass es wichtig und richtig ist, fühlt sich fremd und beängstigend an.

Wenn wir bedenken, dass alle Verhaltensmuster einen verdeckten Gewinn (Macht, Lust, Opferhaltung) enthalten, können wir den Kreislauf der Wiederholung besser verstehen. Es ist ebenso wichtig, zu verstehen, dass die Motivation, in dem Kreislauf zu bleiben, weder Glück noch Erleichterung oder das Gefühl von Befreiung mit sich bringt. Wir bleiben lediglich bei den Vertrautheiten, weil die Ergebnisse für uns vorhersehbar sind. Sich in unbekannte Gewässer zu wagen, bedeutet für viele von uns, unerträgliche Ängste und Unsicherheiten aushalten zu müssen.

Anhand eines Beispiels möchte ich dir diesen Mechanismus bildlich verdeutlichen. Stell dir vor, du lernst auf einer Party jemanden kennen, mit dem du dich auf Anhieb wahnsinnig gut verstehst. Du genießt die Gespräche mit ihm, weil ihr viele Gemeinsamkeiten und Vorlieben habt. Du fühlst eine innere Erregung, da dir seine Nähe unheimlich vertraut vorkommt.

Du kannst es einfach nicht fassen. Du sagst ihm, dass es dir so erscheint, als kennt ihr euch schon lange – möglicherweise aus einem früheren Leben. Könnte das der Partner sein, den du so sehnsüchtig in deinem Leben erwartest?

Ihr verabredet euch und trefft euch regelmäßig. Die emotionale Verbindung zwischen euch ist lebendig, lustvoll und zutiefst befriedigend. Du bist überzeugt, dass diese Verbindung außergewöhnlich und verheißungsvoll ist.

Das ist Anziehung und Verliebtheit: das Gefühl zu haben, dass eine ungewöhnlich tiefe Nähe besteht. Wir alle haben das in unserem Leben hin und wieder erlebt und wissen auch aus Erfahrung, dass diese Gefühle nicht von Dauer sind. Nach ein paar Monaten oder Jahren lassen die Gefühle der Anziehung und Verliebtheit nach. Die Person, die einst eine übernatürliche Vertrautheit in dir erzeugte, entpuppt sich als jemand, der dir diese ersehnte »Liebe bis in alle Ewigkeit« nicht geben kann. Warum ist das so? Es ist so, weil die Anziehung, die du gefühlt hast, von einer Prägung in deiner Kindheit herrührt. Hast du Erfahrung mit Psychotherapie, weißt du, dass wir uns zu denjenigen romantisch hingezogen fühlen, die die Qualitäten unserer Eltern verkörpern. Bei ihnen suchen wir genau das, was uns unsere Eltern nie geben konnten. Ob Lob und Zuneigung oder Liebe und Halt. Das sind genau die Dinge, die wir von unserem Auserwählten am Schluss nicht bekommen.

Du dachtest anfangs, dass dein Partner dir sehr vertraut vorkam, weil du ihn tatsächlich kennst. Du kennst ihn als die bekannte energetische Beschaffenheit deiner Eltern. Er erschien so besonders, weil du dir erhofft hast, deine kindliche Beziehung mit deinen Eltern durch ihn fortführen zu können, um endlich das zu bekommen, was du dir von deinen Eltern ersehnt hast.

Weil wir ständig unbewusst nach diesem Muster unsere Partner aussuchen, werden wir nie das bekommen, was wir uns in einer Beziehung wünschen. Wenn unser Partner uns doch geben kann, was wir wollen, können wir es nicht annehmen, weil wir durch unsere Prägung nicht daran glauben, dass es tatsächlich möglich ist. Die Person, die dir anfangs gutgetan hat, macht dir jetzt Kummer. Ebenso ist es umgekehrt. Die Anziehung besteht aus Qualitäten, die du unbewusst schon lange kennst. Deshalb wirst du genauso erfüllt oder unerfüllt bleiben, wie du es bei deinen Eltern warst.

Das Bild von dir selbst, das durch solcherlei Erfahrungen geprägt wurde, nennst du deine Persönlichkeit. Sie ist der Kapitän und steuert deine persönliche Realität und Erfahrungswelt.

Bist du in irgendeiner Form traumatisiert und leidest, verlierst du häufig das Zeitgefühl und denkst, dass deine Situation oder das unangenehme Gefühl der Einsamkeit für immer andauern wird. Deine Herausforderung besteht darin, zu erkennen, was sich im Hier und Jetzt in dir abspielt, und zuzulassen, dass sich die Dinge verändern dürfen.

Du möchtest kompromisslos glücklich sein und deine Einsamkeit überwinden? Du wünschst dir ein Gefühl von Ganzheit und innerem Frieden? Diese Zustände zu erreichen, bedeutet, die Gedankenmuster deiner Persönlichkeit, die zu deinen jetzigen Gefühlen und deiner Erfahrungswelt geführt haben, zu beobachten. Erst dann können diese transformiert werden.

Frag dich jedes Mal, wenn es verführerisch erscheint, auf die gleiche alte Weise zu reagieren, ob du eine Gefangene deiner Vergangenheit oder eine Pionierin deiner Zukunft sein möchtest.

Alle deine automatischen Gedankenabläufe und die Emotionen, die deine Erfahrungswelt formen, musst du zu identifizieren lernen. Danach kannst du entscheiden, welche dieser Gedankenabläufe in die Vergangenheit gehören und welche du an neue Ufer mitnehmen möchtest.

Du kannst nicht mit denselben alten, miefigen Gedankenabläufen neue, frische Erfahrungen machen. Du musst unbedingt jemand anderes werden! Ein neuer Mensch mit neuen Schlussfolgerungen.

Ausschlaggebend ist zu verstehen, dass die Gedanken, die zu deiner Einsamkeit geführt haben, Aufnahmen aus der Vergangenheit sind. Diese Aufnahmen sind auf unhandlichen, schweren, altmodischen Videokassetten aufgenommen und nehmen viel zu viel Platz in deinem System ein.

Du hast Routinen entwickelt, um diese Gedanken wieder und wieder zu reaktivieren.

Wo du hingehst, was du isst, in welcher Reihenfolge du deine Aufgaben erledigst, die Auswahl deiner Dates und die alten Geschichten, die du andauernd über dich erzählst – alle diese Abläufe sind routiniert und darauf ausgerichtet, immer dasselbe Erlebnis hervorzurufen. Diese Abläufe hast du dir gut gemerkt. Sie funktionieren und geben dir das Gefühl von Sicherheit und vermeintlicher Kontrolle. Aber sie führen niemals zu neuen Erfahrungen.

Wenn du jeden Tag denselben Ablauf verfolgst, wo lässt du dort Raum für Stille, Inspiration und Veränderung? Du denkst täglich deine immer gleichen Gedanken und erwartest heimlich, dass sich etwas an deiner Situation ändert?

Hegst du tagtäglich dieselben Gedanken, die zu denselben Erfahrungen führen und die gleichen Resultate hervorrufen, hinterlässt du tiefe Spuren in deiner Erfahrungswelt. Dein Gehirn und dein Nervensystem werden zu einem fest verdrahteten System. Du bist irgendwann nur noch eine Reihe von automatischen Verhaltensweisen und unbewussten emotionalen Reaktionen. Deine Glaubenssätze, Wahrnehmungen und Einstellungen agieren wie ein vorhersehbares Computerprogramm. Wie bei einem Roboter.

Im Moment bist du eine Ansammlung von Gewohnheiten und unbewussten Programmen. Aber ab sofort willst du dich endlich darüber hinaus entwickeln.

Jedes Mal, wenn du etwas Neues lernst, erschaffst du neue neuronale Verbindungen, die wiederum zu neuen Erfahrungen im physischen und emotionalen Kontakt mit deiner Umwelt führen. Aber diese Veränderung findet nur statt, wenn du die neuen Informationen wiederholst, erinnerst und integrierst. Sonst werden diese neuen Informationen auf deinen alten Videokassetten nach ein paar Tagen überspielt. Denk daran: Das alte Programm ist machtvoll.

Neue Gedanken, neue Gefühle und neue Informationen führen zu neuen Perspektiven. Neue Perspektiven führen zu neuen Erfahrungen, die zu neuen Reaktionen und neuem Verhalten führen. Das führt zu neuen Emotionen, die neue Gedanken mit sich bringen. Dieser Zyklus ist gelebte Veränderung.

Wenn du dich täglich gleich fühlst, bedeutet es, dass nichts Neues in dein Leben tritt, weil du nicht in der Lage dazu bist, neue Gedanken zu erzeugen.

Wie du erfahren hast, ist der Grund deines emotionalen Hamsterrads der Erfahrungsschatz, der dich emotional gebrandmarkt hat und deine Unsicherheit und vermeintliche Unwürdigkeit nährt. Begegnest du das nächste Mal diesen Emotionen und führen sie zu bestimmten Handlungen und weiter zu bestimmten Erfahrungen, dann weißt du, dass die alte Videokassette läuft. Du lebst in Wirklichkeit in der Vergangenheit.

Das ist genau der Grund, warum die Mehrheit der Menschen Ausreden für ihre Einsamkeit haben. Warum sie nie ans Ziel kommen und sich ihre frommen Wünsche nicht erfüllen wollen.

Schuld ist immer irgendein schlimmes vergangenes Ereignis.

Viele sagen von sich Dinge wie: »Ich bin einsam, weil meine Mutter mir keine Liebe gab« oder »Ich empfinde keine Selbstliebe, weil mein Vater mich geschlagen hat.«

Dabei spielt die vergangene Zeit zwischen der Erfahrung und dem Jetzt keine Rolle. Es könnte sogar 90 Jahre her sein. Menschen sagen dann Dinge wie: »Ich bin so wegen der Sache, die vor 90 Jahren geschehen ist.« Was diese Person damit sagen will, ist, dass sie seit 90 Jahren nicht in der Lage dazu ist, sich zu verändern.

Dein Körper, dein Gestus, deine Mimik, dein Ausdruck und dein unbewusstes Verhalten werden ein Ausdruck deiner Einsamkeit, fehlender Achtsamkeit und mangelnder Selbstliebe sein. Dann untermauerst du deine Erfahrung, indem du sagst: »Ich bin so einsam und allein.« Jedes Mal, wenn du diese Worte aussprichst, programmierst und verfestigst du diese Erfahrung.

Verändert ein schwieriges Ereignis deine Gefühle, gibt es in deinem Körper eine chemische Reaktion. Viele Menschen glauben gar nicht, dass sie die chemischen und körperlichen Reaktionen mit ihrer Einstellung bewusst ändern können. Sie bleiben nach einem schwierigen Ereignis für Tage und Wochen in der gleichen Reaktion. Sie erleben in ihrem Geist immer wieder das Ereignis und reagieren erneut darauf. Das nennt sich dann »schlechte Stimmung« oder »eine miese Woche haben«.

Wenn jemand dich in dieser »Stimmung« erwischt und dich nach deinem Befinden fragt, sagst du: »Ich habe seit Tagen miese Laune, weil mir vor drei Wochen eine blöde Sache passiert ist.« Und wenn du weitere Monate und Jahre in schlechter Stimmung bleibst, nennt man das dann »dein Temperament«.

»Sag mal, warum bist du immer so traurig und so grimmig?«, mag dich ein Freund fragen und du sagst so etwas wie: »Weil ich vor neun Jahren diese schlechte Erfahrung gemacht habe. Seitdem bin ich nun mal so.«

Dann führst du das weiter und weiter und weiter, bis es dein Persönlichkeitsmerkmal und schließlich dein Charakterzug wird. Diesen Charakterzug ziehst du an wie ein Kleidungsstück und denkst, du seist nur noch das. Du redest über deine Vergangenheit, um allen zu erklären, warum dein Leben sich so abspielt. Was passiert dann mit dir, wenn du auf diese Weise dasselbe Programm abspulst, um in Kontakt mit der Welt zu treten? Du wirst immer dasselbe erleben. Auch wenn der Weg zur Heilung ein langer und mühsamer Prozess ist, emotionales Wohlbefinden ist erreichbar.

Bewusstseinsarbeit Nr. 5

Nutze deine jetzige Krise, um unerprobtes, neues Verhalten einzuführen. Du kannst dich in einem Zustand reinster Verzweiflung am besten kennenlernen. Du hast die Wahl. Glaub an die Möglichkeit, dass du deine jetzige, scheinbar festgefahrene Wirklichkeit ändern kannst.

    Verliebe dich zu Beginn in die Idee des Liebens. Öffne dein Herz und liebe das, was jetzt bereits da ist. Liebe das, was du im Moment erlebst. So veränderst du deine Gedanken und deine Erfahrung. So läufst du direkt ohne Umwege in deine Vision hinein, so natürlich, wie das Gras wächst und der Fluss fließt.

Beende dein Versteckspiel.

Die folgende Übung wird dir dabei helfen, deinen Kopf aus dem Sand zu ziehen. Möchtest du deine Einsamkeit überwinden, hilft es nur, wenn du aufhörst, dich in der Dunkelheit versteckt zu halten.

    Wiederholt möchte ich dir ans Herz legen, dich dem Gefühl der Einsamkeit und dem Schmerz, der dahinter liegt, nicht zu widersetzen.

    Es fühlt sich sicherer an, neue Ansätze zu vermeiden. Vermeidung macht aber alles schlimmer und die Zukunft düsterer. Und das willst du sicher nicht mehr.

    Lass uns gemeinsam untersuchen, wo du dich noch versteckt hältst. Deinen blinden Flecken furchtlos zu begegnen, hilft dir, deinen Kurs auf eine erleuchtete Zukunft zu richten.

Bewusstseinsarbeit
Nr. 6

Gewohnheiten, Verstrickungen und Glaubensmuster aufdecken

Unten steht eine Liste von gewohnheitsmäßigen Gedanken, Verstrickungen und Glaubensmustern, die dich in dem Gefühl der Einsamkeit festhalten und deinen emotionalen Schmerz vergrößern. Die Liste hilft dir zu sehen, wo du deine blinden Flecken hast und an welcher Stelle du dich versteckst.

Lies die unten stehende Liste und kreuze alles an, was mit dir in Resonanz geht. Nimm dir einen Moment Zeit, den Schmerz zu spüren, bevor du zum nächsten Punkt gehst. Später werden wir erneut auf die Liste eingehen.

- ♥ Oft denke ich, dass mit mir etwas nicht stimmt.
- ♥ Es stresst mich, neue Menschen kennenzulernen.
- ♥ Ich achte schlecht auf meinen Körper.
- ♥ Ich bin mir nicht sicher, wie ich auf andere wirke.
- ♥ Ich interessiere mich in Bezug auf Männer nur für potenzielle Partner.
- ♥ Ich fantasiere oft über einen Traumprinzen, der mich aus meiner Situation rettet.
- ♥ Ich bin von Männern enttäuscht.
- ♥ Ich habe Minderwertigkeitsgefühle.
- ♥ Ich weiß nichts über Männer und bin deshalb verunsichert.
- ♥ Ich habe wenig zu geben.
- ♥ Ich bin enttäuscht von der Dating-Szene.
- ♥ Ich bin beziehungsunfähig.
- ♥ Männer wollen nur das Eine.
- ♥ Ich habe Angst davor, allein zu sterben.
- ♥ Ich wäre lieber jemand anderes.
- ♥ Nähe erstickt mich.
- ♥ Ich habe mich immer darauf verlassen, dass andere sich emotional um mich kümmern.
- ♥ Männer scheinen vor mir wegzurennen.
- ♥ Ich verwöhne mich selten selbst, weil es sich nicht lohnt.
- ♥ Ich weiß nicht, wie ich mich um mich selbst kümmern kann.
- ♥ Ich habe Angst, um Hilfe und Unterstützung zu bitten.

- ♥ Es gibt in Wirklichkeit keine guten Männer.
- ♥ Ich habe Angst davor, verlassen zu werden.
- ♥ Nur in einer Partnerschaft fühle ich mich lebendig und schön.
- ♥ Ich wäre gern hübscher und intelligenter.
- ♥ Wenn ich einen perfekten Body hätte, wäre ich nicht einsam.
- ♥ Ich bin zu gut für diese Welt.
- ♥ Keiner würde es merken, wenn ich plötzlich nicht mehr existieren würde.
- ♥ Niemand darf wissen, wie ich wirklich bin.
- ♥ Ich habe Angst davor, verlassen zu werden.
- ♥ Wenn ich … hätte, wäre ich nicht einsam.
- ♥ Ich möchte von niemandem emotional oder finanziell abhängig sein.

Ergänze die Liste, wenn dir weitere Sätze einfallen.

Falls du mehr stimmige Punkte gefunden hast als gedacht, ist das kein Grund zur Sorge. Du fängst gerade an, eine innere Inventur zu machen. Also bist du schon auf dem Weg, die Dinge zu erneuern. Sei geduldig mit dir.

Die Inventur deiner Überzeugungen

Martha (35 Jahre alt) kam im Oktober 2019 in meine Praxis, weil sie immer an die falschen Männer geriet. Ihre Beziehungen endeten immer auf die gleiche Weise: Die Männer meldeten sich einfach nicht mehr oder beendeten die Beziehung abrupt mit fadenscheinigen Ausreden.

Als Martha vier Jahre alt war, verstarb ihr Vater. Sie war von Geburt an innig mit ihm verbunden. Martha verstand den Tod nicht und fragte einige Jahre lang täglich nach dem Verbleib ihres Vaters. Sie wollte in dieser Phase nichts mehr von ihrer

Mutter annehmen und zog sich zunehmend in ihre kindliche Fantasiewelt zurück. Obwohl Martha erst vier Jahre alt war, glaubte sie, etwas falsch gemacht zu haben. Irgendetwas musste doch ihren Vater verärgert haben. Sie war fest davon überzeugt, dass er sie verlassen hatte, weil sie nicht artig war.

Sie glaubte fortan, dass mit ihr etwas nicht stimme. Einige Anteile in ihr glaubten sogar, dass niemand sie jemals wieder liebhaben könne.

Diese Erfahrung hinterließ eine tiefe Prägung in Marthas Bewusstsein. Sie wuchs mit der Überzeugung auf, dass jeder sie verlassen werde, wenn sie sich nicht adäquat verhielte. Wenn sie nicht konform und gefällig sei. Ihre Angst, verlassen zu werden, führte dazu, dass sie ihr liebendes Herz verschloss. Niemand sollte die Chance bekommen, ihr Herz so zu brechen, wie ihr Vater es damals gebrochen hatte.

Es gab später etliche Männer, die bereit waren, mit Martha zusammen zu sein, und es gab auch Männer, die sie wirklich liebten, aber ihr Beziehungsmythos hatte mehr Macht.

Ihre Überzeugungen entstanden zu einer Zeit, in der Martha zu jung war, um zu verstehen, was wirklich vor sich ging. Deshalb hatte diese traumatische Erfahrung sich so tief in ihre Psyche eingeprägt, dass sie immer wieder Teil ihrer Wirklichkeit wurde.

Als Martha zu mir kam, war sie davon überzeugt, dass sie nicht liebenswert sei. Sie hatte sich in ihre Rolle als nicht liebenswerte Frau so reingesteigert, dass sie mit Gewissheit davon ausging, früher oder später verlassen zu werden, wenn sie zeige, wie sie wirklich ist.

Diese Überzeugung führte sie in die innere Isolation, in die Einsamkeit und in die Rolle des ewigen Singledaseins. Das Einzige, worauf Martha sich verlassen konnte, war ihre Einsamkeit, ihr Gefühl von Isolation und Entfremdung. Immerhin waren diese Gefühle immer da, ohne sie zu enttäuschen. Darauf konnte sie sich verlassen.

Als junge Erwachsene sorgte Martha dafür, dass keine emotionalen Bindungen und Abhängigkeiten in ihren Beziehungen aufkamen. Sie ist eine schöne Frau. Kühl, sexy und unnahbar. Sie verführte gern Männer und schien Gefallen daran zu haben, die Begehrteste im Raum zu sein. Sie wusste, was sie von den Männern wollte, und sie nahm es sich. Männer, die ein Abenteuer erleben wollten, waren bei ihr goldrichtig. Und es waren viele. Männer, die wirklich an Martha interessiert waren, fand sie lächerlich. »Was für ein Idiot ist das, der sich ernsthaft für mich interessiert? Ich bin doch nicht liebenswürdig.«

Was Martha nach einigen Sitzungen kennenlernte, war die große Bedeutung und die Macht ihrer verinnerlichten Überzeugungen. Sie erkannte ihre liebgewonnenen Ideen darüber, wie die Welt funktioniert und welche Rolle sie darin zu spielen hat. Martha verstand den wesentlichen Unterschied zwischen Fakten und Überzeugungen: Fakten kann man sehr wohl objektiv prüfen. Fakt ist, dass ich diese Zeilen auf meinem Holztisch schreibe, um 00:32 Uhr, an einem Donnerstag. Kein Fakt ist, dass es für mich unmöglich ist, jenseits der Einsamkeit zu leben.

Die Art, wie Martha mit Männern spielte, war in Wirklichkeit ein Machtspiel, das ihrem Vater galt. Martha hatte erkannt, dass sie sich nach dem Tod ihres Vaters emotional nicht weiterentwickelt hatte. Unbewusst hatte sie bei Männern nach ihrem Vater gesucht. Keiner der Männer konnte ihren unstillbaren Durst nach der väterlichen Geborgenheit stillen. Sie war ein Fass ohne Boden. Durch die Art, wie sie Beziehungen führte, hatte sie sich unbewusst retraumatisiert. Das wiederum bestätigte ihre kindliche Überzeugung, dass sie nicht liebenswürdig sei. So befand sie sich jahrelang in einer emotionalen

Zeitschleife, bis sie den Unterschied zwischen Fakt und Fiktion (ihren Beziehungsmythos) erkannte und annahm.

Vielleicht hast du etwas Ähnliches erlebt. Oder du kennst solche Geschichten aus deiner Familie. Familien lieben die Mythen und scheinbaren Lerninhalte, die aus Traumata oder Enttäuschungen entstanden sind. Und sie geben sie großzügig als Weisheiten weiter. Sprüche wie »Männer sind nie da, wenn man sie braucht« hat sich Martha natürlich mehrfach von ihrer ebenfalls traumatisierten Mutter anhören müssen. Kein Wunder, dass sie so besessen von dieser Idee war. Sie war in sie eingeschrieben wie ein Programm.

Es überrascht nicht, dass dieser Spruch Martha den Zugang zur gewünschten Beziehung erschwerte. Sie konnte sich anfangs nicht vorstellen, dass sie ihr Leben lang genau daran gearbeitet hatte, diese einsame Frau zu sein, die sie war.

In ihrem kindlichen verletzten Geist hieß es: »Mit einem Mann zusammen zu sein, bedeutet Schmerz und Verlust.« Die kontrollierbare Einsamkeit war ihr verständlicherweise lieber als der unvorhersehbare Schmerz. Ihre Sehnsucht nach Nähe hatte sich irgendwann ihrer Angst vor Verlust geopfert.

Siehst du, wie unsere Angst vor Nähe mit unserer Sehnsucht nach Bindung diffuse, harte Knoten in unserer Psyche bilden kann? Es sei denn, wir entscheiden uns bewusst für die Weiterentwicklung unserer selbst.

Unsere vergangenen Erfahrungen bestimmen, wie wir die Welt erleben. Unsere Überzeugungen über Beziehungen und Nähe beeinflussen und betrüben unsere Wahrnehmung der Realität. Ein Teufelskreis, der nur durch bewusste Reflexion und Entwicklung durchbrochen werden kann.

Mithilfe der folgenden Geschichten und Übungen entdeckst du, welche Überzeugungen deinem Selbstwertgefühl und deinem Zugang zu einer innigen Bindung im Weg stehen und dich daran hindern, die Beziehung zu leben, die du willst.

Bewusstseinsarbeit
Nr. 7

Wie erklärst du dir deine Welt?

Im ersten Teil der Übung kommst du mit einer kurzen Kontemplationsübung (konzentriertes Betrachten) in Berührung. Du wirst also Zeit und Raum brauchen – ungefähr 20 Minuten. Im zweiten Teil wirst du Papier und Stift brauchen, um deine Antworten festzuhalten.

Teil 1:

Tauche ein und entdecke die Überzeugungen, die du in deiner Kindheit über Innigkeit und Beziehungen entwickelt hast. In diesem Teil werde ich dir ein paar Fragen stellen. Lies dir die Fragen laut vor. Dann lass die Antworten in dir auftauchen. Betrachte die Antworten, als wären sie ein Film vor deinem inneren Auge. Mach nach jeder Kontemplation eine kurze Pause, indem du einmal tief ein- und ausatmest.

Atme zu Beginn einmal tief ein und aus. Entspann dich. Stell dir die folgende Frage: Was ist die klare Botschaft, die ich jetzt gerade über die Bedeutung von intimen Beziehungen bekomme?

Lausche in dein Inneres und höre die Botschaft, die in dir aufkommt.

Nimm einen tiefen Atemzug.

Wann hast du diese Botschaft in der Vergangenheit gehört?

Nimm einen tiefen Atemzug.

Erkennst du, wessen Stimme das ist?
Ist es die eines Elternteils oder deiner Großeltern? Eines Verwandten oder eines Freundes der Familie?

Nimm einen tiefen Atemzug.

Atme tief ein und entspann dich tiefer und tiefer.

Was ist deine erste Erinnerung an eine Beziehung?
Erlaube dir, dich daran zu erinnern, wann dir Liebesbeziehungen oder tiefe innige Bindungen bewusst wurden.

**Nimm einen tiefen Atemzug.
Entspann dich tiefer und tiefer.**

Erinnere dich an eine Szene, in der deine Eltern liebevoll und innig miteinander umgegangen sind. Wie haben sie ihre Beziehung gelebt? Wie haben sie sich gegenseitig ihre Zuneigung gezeigt?

Nimm einen tiefen Atemzug.

Schreib alles über deine ersten Erinnerungen in Bezug auf Bindung und Beziehung auf. Schreib auf, was du in der Szene von deinen Eltern gesehen hast. Was haben sie über Beziehung gedacht, gesagt und wie haben sie sie gelebt?
Schreib auf, was du glaubst, von diesen vergangenen Erinnerungen gelernt zu haben.

Teil 2:

Jetzt, wo du dich erinnern kannst, wie Beziehungen in deiner Familie gelebt wurden, ist es Zeit, zurückzugehen und mehr Überzeugungen aufzudecken.

Es geht in dieser Übung nicht darum, etwas zu entfernen oder zu reparieren. Sie ist lediglich eine Entdeckungsreise. Sei neugierig. Den Eisberg über dem Wasser kennst du bereits. Das ist das Leben, wie du es kennst. Aber wie tief ragt dieser Eisberg ins Wasser?

Welche Welten und Geheimnisse verbergen sich dort?

Stell dir folgende Fragen und beantworte sie schriftlich. Schreib alles auf, was dir in den Sinn kommt.

- ♥ Standen deine Eltern in einer liebevollen Beziehung zueinander?
- ♥ Was hat dir diese Beziehung über Nähe gezeigt?
- ♥ Worum ging es bei ihren Auseinandersetzungen, falls sie welche hatten?
- ♥ Falls deine Eltern nicht offen miteinander gestritten haben, was hat dir das über Beziehungen gezeigt?
- ♥ Haben deine Eltern sich bei dir gegenseitig übereinander beschwert? Was genau haben sie über den anderen gesagt?
- ♥ Was haben deine Eltern gemacht, um sich etwas Schönes zu gönnen und sich gegenseitig zu verwöhnen?
- ♥ Was haben diese Taten über deine Eltern zum Ausdruck gebracht?
- ♥ Was zeigt das über ihre Überzeugung zu ihrer Beziehung?
- ♥ Wurdest du bedingungslos verwöhnt und geherzt oder war das an irgendwelche Bedingungen geknüpft?
- ♥ Haben deine Eltern dir das Gefühl gegeben, dass du willkommen bist, oder wurde dir ein schlechtes Gewissen dafür gemacht, dass du existierst?
- ♥ Haben deine Eltern dich aufgeklärt und mit dir über Beziehungen im Allgemeinen und über Liebe im Speziellen gesprochen oder war das ein Tabuthema?

Lies alle deine Antworten auf die Fragen und schreib danach eine Liste mit fünf bis zehn Überzeugungen, die du glaubst, aus deiner familiären Prägung verinnerlicht zu haben.

Geh jetzt zurück zu Übung Nr. 1 »Beziehungsmythos«. Kannst du zusätzliche Glaubenssätze finden, die dich limitieren und in deiner Einsamkeit bestätigen? Füge diese deiner Liste hinzu.

Wovor schützt dich die Einsamkeit noch?
Vor welchen Schmerzen bewahrt dich die Einsamkeit?
(Ein Beispiel wäre, dass man dich nicht verletzen kann oder dass du die volle Kontrolle und Entscheidungsmacht über dein Leben hast.)

Du hast es geschafft: Die Inventur ist gemacht! Mit dieser Bilanz gehst du in die weitere Veränderung, in die Transformation hinein.

Bewusstseinsarbeit Nr. 7

Warum will dich keiner? Was stimmt nicht mit dir?

Unseren Müttern und Großmüttern wurde nahegelegt, unterwürfig, lieb und nett zu sein, wenn sie glücklich sein wollten. Sich als häusliche Gattin aufzuopfern, war in der Vergangenheit die vorgegebene Rolle, die Glück und Zufriedenheit in der Ehe und im Familienleben garantierte.

Heute wird uns Frauen nahegelegt, genauso ambitioniert und konkurrenzfähig wie Männer zu sein, für eine erfolgreiche Karriere zu sorgen und uns dabei dennoch liebenswürdig, solidarisch, selbstlos und fair zu verhalten. Und selbstverständlich sollen wir alterslos bleiben, top gepflegt, möglichst fromm und hübsch aussehen, wenn wir uns eine glückliche Partnerschaft wünschen.

Diese sogenannten weiblichen Tugenden sind nichts als Propaganda! Das, was uns unsere Mütter als Bild der Frau verkauft haben, dient uns nicht. Diese Regeln dienen nur jenen, die sie erfunden haben. Sie dienen der Welt der Männer. Die Regeln setzen dich unter Druck und entfremden dich von deiner wahren Natur.

Anstatt auf dein Inneres zu achten, dich selbst zu respektieren und das Vorgegebene zu hinterfragen, hast du die »blaue Pille« (tu, was die Gesellschaft dir sagt) geschluckt. Die vorgegebene Art, wie Frauen zu denken, zu fühlen und zu handeln haben, hat für dich nie funktioniert. Diese Tugenden haben dich nur ausgebeutet. Schließlich lügen die Resultate nicht.

Du hast dich sicher oft gefragt, warum dich keiner will, ob es etwas gibt, was mit dir nicht stimmt. Auch wunderst du dich oft, was es ist, das du scheinbar verkehrt machst, da du immer noch einsam und allein bist. Schließlich hast du alle Regeln befolgt und vieles richtig gemacht, um als Frau interessant zu sein.

Der Grund, warum dich keiner will, ist, weil du deinen Geist vernachlässigt hast und »gewöhnlich« geworden bist. Ein Normopath. Du bist eine unter Milliarden Frauen geworden. Uninteressant, langweilig und austauschbar.

Bewusstseinsarbeit
Nr. 8

Was macht dich so besonders?

Öffne jetzt dein Tagebuch und mach folgende Aufgabe schriftlich: Stell dir vor, du lernst auf einem schicken Gartenfest einen Mann kennen – nennen wir ihn Alpha-Mann. Das klingt wie ein Bild von einem Mann mit allen Attributen, die du für rar und außergewöhnlich hältst. Der Alpha-Mann ist intelligent, humorvoll, freundlich und gut aussehend. Er hat einen großartigen, gut bezahlten Job, ist stilvoll, weise, einfühlsam, kultiviert und trägt die Würde eines Königs zur Schau.

Nach kurzem Geplänkel scheint sich der Alpha-Mann für dich zu interessieren und fragt dich vorsichtig nach einem Date. Du bist zwar überrascht, erklärst dich aber natürlich einverstanden. Ihr trefft euch einige Tage später in einem noblen, romantischen Restaurant seiner Wahl.

Die Atmosphäre ist perfekt. Es fehlt euch nicht an anregendem Gesprächsstoff. Ihr lacht, ihr flirtet, der Wein fließt und du könntest dich nicht glücklicher fühlen.

Plötzlich wird es still und ernst. Der Alpha-Mann schaut dir tief und fest in die Augen, er nimmt sanft und vorsichtig deine Hand und fragt: »Ich möchte gern von dir wissen, was an dir außergewöhnlich und besonders ist. Kannst du es mir sagen?«

Nimm dir jetzt für die Beantwortung dieser Frage zehn Minuten Zeit. Schreib alles auf, was dir zu der Frage einfällt, bevor du im Buch weiterliest. Bitte überspring diese Übung nicht! Lies danach deine Antwort laut vor und richte sie gedanklich an den Alpha-Mann.

Mit Sicherheit hast du viel vorzuweisen und glaubst, den Alpha-Mann mit deinen Errungenschaften beeindrucken zu können. Natürlich bist du etwas Besonderes, sonst würde er doch nicht hier mit dir in diesem noblen Restaurant sitzen.

Du hast eine Eigentumswohnung und bist finanziell unabhängig. Oder du hast die Welt gesehen und kämpfst bei einer wohltätigen Organisation gegen den Welthunger. Vielleicht hast du die Welt aber auch nicht gesehen, interessierst dich nicht sonderlich für soziale Gerechtigkeit, hast keinen Universitätsabschluss, kannst gerade so deine Miete zahlen und hast keinen besonderen Job vorzuweisen. Dafür trumpfst du mit deinem vorzüglichen Aussehen, deiner sportlichen Figur oder deinen hervorragenden Kenntnissen über Heilkräuter auf. Oder du greifst tiefer in die Trickkiste und vergleichst dich mit anderen Frauen. Du vergleichst dich mit jenen Frauen, die nicht in deiner Liga spielen, um aufzuzeigen, was du für ein besonderes Exemplar im Teich bist. Ein guter Fang. Du zählst Dinge auf wie: Du kannst gut kochen, bist besonders ordentlich, sensibel, liebst die Wahrheit, bist gutherzig, lebst vegan, liebst die Natur, bist kreativ, musikalisch oder gläubig.

Auch wenn du »nichts« im Leben zustande gebracht hast und immer noch bei deiner Mutter lebst, wird deine Liste voll mit Dingen sein, die deine Qualitäten hervorheben sollen. Dann fallen Sätze wie: »Ich hole meinen Abschluss nach«, »Ich schlafe nicht mit jedem« etc.

Diese Dinge machen dich also zu etwas Besonderem? Du bist nicht wie all die anderen Frauen? Jetzt rate mal, wer genau die gleiche oder eine ziemlich ähnliche Auflistung hat. Alle anderen Frauen, mit denen der Alpha-Mann sich zuvor unterhalten hat. Deine Auflistung ist für den Alpha-Mann keine Überraschung. Diese Antwort hört er ständig. Der Alpha-Mann hört dir dennoch interessiert zu. Er tut so, als seist du die spannendste Frau der Welt.

Vielleicht verhält er sich auch so, als fände er das eine oder andere auf deiner Liste absolut überraschend. »Ach echt? Du und kochen? Wow. Und du bist einen Marathon gelaufen? Mensch, das ist supersexy.«

Der Alpha-Mann muss auch so reagieren. Schließlich will er nicht mit dir netzwerken, sondern dich erobern. Der Alpha-Mann wird also so tun, als nähme er dir deinen Pitch ab, um ans Ziel zu kommen. Das bedeutet aber nicht, dass du einen bleibenden Eindruck bei ihm hinterlassen hast. Wie gesagt, deine Liste ist nichts Neues. Du bist nicht die einzige kinderliebe Frau mit Ambitionen und einem Universitätsabschluss. Du bist auch nicht die einzige Frau, die weltverbessernde Visionen hat und kreativ ist.

Versteh mich bitte nicht falsch. Deine Auflistung zeigt sicher wunderbare Qualitäten auf, auf die du stolz sein kannst. Der springende Punkt ist: Du hast das alles ausschließlich für dich selbst erreicht. Deine Absicht war sicher nicht, damit auf dem Singlemarkt hervorzustechen und potenzielle Partner zu beeindrucken.

Und dennoch bist du mit dieser Auflistung für den Alpha-Mann lediglich eine Mischung aus Fiona, Sandra und der anderen Tante, die er letzte Woche kennengelernt und dann wieder vergessen hat. Das klingt entmenschlichend, aber im Tinder-Zeitalter ist das die bittere Realität. Das ist alles ein alter Hut. Es ist lahm, langweilig und gewöhnlich.

Männer zählen die gleichen Dinge auf, um uns Frauen zu beeindrucken, weil sie genau wissen, was Frauen suchen, und weil sie verstehen, dass ihr Wert am Erfolg gemessen wird. Für uns Frauen ist ein Versorgertyp, der erfolgreich und ambitioniert ist, sehr attraktiv – auch wenn wir unser eigenes Geld verdienen.

Aber andersrum sind Schulabschlüsse, Selbstständigkeit und Hobbys nicht die Dinge, die dich für einen Alpha-Mann interessant machen. Das sind lediglich Dinge, die du für dich selbst machst. Ein Alpha-Mann würde seine Elite-Freundin für seine Hundesitterin verlassen, weil die Hundesitterin interessanter ist. Frauen dagegen würden so gut wie nie einen Alpha-Mann gegen einen armen, verschuldeten Studenten, der noch bei Mutti wohnt, austauschen. Ich weiß, dass dies sehr nach Klischee klingt, aber ich kenne kaum eine Frau, die diese Aussage nicht bestätigen würde.

Männer und Frauen suchen unterschiedliche Dinge in einer Partnerschaft. Dem Alpha-Mann ist es egal, ob du ein Auto hast oder bankrott bist. Er holt dich ab und zahlt für das schicke Abendessen, ohne über dich zu urteilen.

Wofür sich der Alpha-Mann wirklich interessiert, sind dein Geist, dein Esprit, dein Feuer und dein Charisma. Das sind die wahren Schätze, die liebenswürdig und authentisch sind. Diese Schätze hast du hinter Mauern versteckt. Du hältst sie unter Verschluss, damit man dir nicht mehr wehtut. Und du hast Angst, tief in dich zu gehen und das zu zeigen, was dich wahrhaft einzigartig und besonders macht.

Ich möchte dich hier nicht niedermachen, falls du das glaubst. Ich möchte deine Augen, dein Herz und deinen Geist öffnen. Du musst dich nicht verteidigen. Öffne stattdessen deinen Geist. Öffne dein wunderschönes Herz. Ich möchte dir dabei helfen, alle irreführenden, unbewusst programmierten Identitäten abzulegen, die du im Laufe der Jahre angesammelt hast. Ich möchte dir aufzeigen, dass es nicht nötig ist, deine Errungenschaften zu bewerben. Du bist weder dein Job noch dein Aussehen, du bist nicht deine Disziplin, dein Gehorsam oder das, was du für andere tust.

Ich möchte dir dabei helfen, dich wirklich abzuheben. Aber um zu erkennen, was wahrhaft besonders an dir ist, darfst du dich vorher in deiner Ganzheit sehen und mit der Illusion aufräumen, dass du nur aus angenehmen und positiven Merkmalen bestehst.

Um dich in deiner Gesamtheit zu sehen und mit deinen Illusionen aufzuräumen, kommst du nicht darum herum, tief in dich hineinzugehen und alle Dinge auszugraben, die du unter deinen angepassten Persönlichkeitsmerkmalen versteckt hast.

Alles, was dir unangenehm ist, alles, was dir peinlich ist, muss jetzt ans Tageslicht kommen. Deine schmerzhaften vergangenen Erfahrungen sind das, was dich in Wirklichkeit geschmiedet hat. Das traumatische Ereignis, das in deinem Leben passiert ist, hat dich zu der Person gemacht, die du heute bist. Der unerträgliche Herzschmerz, der verursacht wurde, hat dein Bild über die Liebe geprägt. Der Betrug, den du erfahren hast, stellt dein Vertrauen ständig auf den Prüfstein. Die Diskriminierung, die du erlebt hast, hat dein Selbstbild geprägt. Die Wut und die lästige Unsicherheit in dir gilt es, bewusst und liebevoll anzuerkennen.

Spüre, wie schlecht das Leben mit dir umgegangen ist, welche Dinge du bereust, wie mickrig und unbedeutend du dich oft fühlst, während die Welt gegen dich arbeitet. Alle diese inneren Dämonen, die dir im Wege stehen, wollen als Teile von dir gesehen und anerkannt werden.

Erst dann entstehen in dir die Kraft und der Mut dafür, dir dein wahres Leben zurückzuerobern.

Lass jetzt den Gedanken zu, dass du deinen Körper nicht perfekt findest. Lass das Gefühl zu, dass du nicht genug Geld oder keinen hohen sozialen Status hast. Lass das Gefühl zu, dass sich keiner für dich interessiert, obwohl du so viel geschafft hast. Was auch immer dir Schmerzen bereitet, lass es jetzt zu. Es sind nicht die vergangenen Erfahrungen selbst, die den Umfang deiner Persönlichkeit ausmachen. Vielmehr kommt es darauf an, wie du diesen Erfahrungen begegnest und wie du jetzt auf diese Erfahrungen reagierst. Es ist deshalb wichtig zu bedenken, wie deine Lebenserfahrungen dich geprägt und welche Narben sie hinterlassen haben. Deine Stärken und Schwächen ergeben zusammen dein volles Potenzial.

Anstatt deine Willenskraft für den Kampf gegen deine schmerzhaften Emotionen zu verschwenden, bewahre die Energie für die wichtigsten Aufgaben auf, die folgen, wenn deine Wunden gesehen und anerkannt werden. Erst dann ist Loslassen möglich. Erst dann kann dein Geist in dir Heimat finden und sich deine Schöpferkraft entfalten.

Es ist jetzt an der Zeit, die Propaganda zu erkennen, die dich festgehalten hat. Dein jetziges Leben, dein jetziger Zustand wird von den Lügen zusammengehalten, die du dir selbst zuflüsterst. Anstatt zu jammern, warten, beten und dich zu verstecken, möchtest du jetzt deinen Ängsten begegnen.

Schreib in deinem Tagebuch das heutige Datum auf. Ab heute übernimmst du die Verantwortung für dein Leben. Dein belangloses, kleinkariertes, angsterfülltes Leben nimmt heute sein Ende. Es ist an der Zeit, die Wurzel zu behandeln, nicht die Symptome. Du bist kurz davor, dir Flügel wachsen zu lassen. Das ist keine einfache Aufgabe. Es bedeutet, dass viele geliebte Wirklichkeiten sich auflösen und zusammenfallen. Es bedeutet, deine Maskeraden und Schutzhüllen fallen zu lassen.

Dein Übergangsritual

Die Einsamkeit ist dein Übergangsritual – nutze sie! Verstehst du das, was jetzt folgt, wirst du den Übergang von der Einsamkeit hin zu deiner Göttlichkeit und Schöpferkraft ohne Widerstand durchqueren. Der Schlüssel ist, alle deine Begrenzungen aufzulösen.

Was die Begrenzungen fördert, sind deine festgefahrenen Überzeugungen über dich selbst und deine vorgefertigten Urteile über die Welt.

Überall, wo es Urteile gibt, entstehen zwei Seiten. Es gibt richtig oder falsch. Unerwünschte Teile deiner Wirklichkeit werden verneint. Alles, was sich von deiner Wahrnehmung der Realität unterscheidet, wird zum »No-Go« erklärt. Deshalb schneidest du dich davon ab, fragmentierst und zerhackst die Realität in »richtig« und »falsch«, »gut« und »schlecht«. In Wirklichkeit schneidest du dich von deinem unendlichen Bewusstsein ab, indem du dich nur mit gewissen Dingen und Attributen identifizierst. Du begrenzt dich, machst dich klein und degradierst dich zu einem vorübergehenden Phänomen.

Das ist nicht dein Bewusstsein. Dein Bewusstsein wurde weder geboren noch wird es je sterben. Sobald du begreifst, dass du selbst reines Bewusstsein bist und dass es nichts anderes als Bewusstsein gibt, wirst du frei sein. Lässt du die Begrenzungen los, die dich davon abhalten, Weisheit aus dem großen Ganzen zu empfangen, fängt deine spirituelle Reise an.

Nun ist es so, dass die erste Stufe des tiefen Loslassens Einsamkeit bedeutet. Es ist das schmerzhafte Gefühl des Egos, verloren und verlassen zu sein. Die Aufgabe des Egos ist, dich vor weiteren Traumata und emotionalen Verletzungen zu bewahren. Dafür ist das Ego da. Es möchte dich beschützen. Aber so rekonstruierst du immer wieder die gleichen schmerzhaften Erfahrungen. Du wiederholst sie in der Bemühung, sie endlich zu meistern.

Nur ist das Ego wie ein algorithmisches Betriebssystem. Es kann die Art und Weise, wie es auf die Umwelt reagiert, nicht wirklich ändern. Die Projektionen passieren automatisch und es kann selten seine Überzeugungen wirklich loslassen. Durch das Loslassen entsteht ein Horrorszenario, in dem du dir nicht mehr gewiss bist, wer du bist.

Die Einsamkeit ist genau dieser Prozess des tiefen Loslassens der Überzeugungen deines familiären und sozialen Systems. Du befindest dich jetzt in einer unangenehmen Situation, in der alles fremdartig und weit von dir entfernt wirkt. Dein Ego verliert seine Festigkeit und Identität. Das ist sicher eine Qual. Die Qual ist deshalb da, weil du versuchst, dir und deiner Umwelt zu verheimlichen, dass du über sie hinausgewachsen bist. Dein Ego versucht das, was dein Bewusstsein erkennt, zu verdrängen und als »verbotenes Wissen« von dir fernzuhalten. Du weißt, dass in deiner Familie einiges schiefgelaufen ist und dass dir vielleicht Dinge passiert sind, die sehr lieblos und demütigend waren. Trotzdem möchtest du diese Verbindungen aufrechterhalten. Du weißt, dass dein Freundeskreis aus lieben Menschen besteht, die alles dafür tun, damit sich keiner von euch verändert. Du weißt, dass der Job, den du ausübst, längst nicht mehr das ist, was dich erfüllt. Du weißt, dass du eine neue Wohnung oder ein anderes Umfeld brauchst.

Du hast dich verändert. Je mehr du versuchst, alte Bindungen und Strukturen aufrechtzuerhalten, umso mehr wirst du leiden. Du steckst in den Grenzen des Egos fest, die dir nicht erlauben, zu wachsen und die Wahrheit zu erkennen. Die Wahrheit befreit dich. Leider ist der Anteil von dir, der sich mit deiner Geschichte identifiziert, nicht an Freiheit interessiert, weil er von der Bestätigung abhängig ist, die er von dem System erhält. Solange die Abhängigkeit besteht, solange du die Anerkennung eines anderen brauchst, wirst du dich widersetzen, diesen Übergang des Erwachens zu durchlaufen.

Du steckst jetzt mitten im Geburtskanal. Das ist für viele ein furchteinflößender Übergang. Vielleicht hast du ihn sogar schon hinter dir und bemerkst, dass du dich von jeglichem Zwang befreit hast. Diese Freiheit ist nötig, um dein göttliches Bewusstsein zu erkennen. Du gehörst in Wirklichkeit keinem System an. Das war nur eine angeeignete Annahme. Jetzt darfst du dir erlauben, darüber hinauszuwachsen.

Früher gab es Rituale für solche Übergänge. Wenn man als Kind fast erwachsen war oder eine neue Lebensphase begann, unternahm man z. B. allein in der Wildnis eine Visionssuche oder erhielt einen neuen Namen, um den Übergang zu erleichtern. Solche Rituale waren für jeden in der jeweiligen Gesellschaft vorgesehen. Heute stecken wir in einer ewigen Adoleszenz fest, weil wir keine hilfreichen Übergangsriten mehr haben.

Ein Übergangsritus ist wichtig, um die Beziehung zwischen dem inneren psychospirituellen Raum und der Außenwelt zu festigen. Es ist wie einen Stab in die Erde zu stecken, um deinem Prozess Halt zu geben. Es hilft dir dabei, deine Seele auf eine Art zu entfalten, die viel mehr in Abstimmung mit dem ist, was du gerade wirst. Ein Ritus bewahrt das, was in dir im Werden ist, vor äußerem Druck und äußeren Vorurteilen. Rituale und Zeremonien bilden einen geschützten inneren Raum. Deshalb haben unsere Vorfahren Riten so gewürdigt.

Der sakrale Raum in dir

Der sakrale Raum ist ein heiliger Ort, den jede Frau in ihrem Körper hat. Es gibt also auch einen sakralen Raum in dir. Wenn es nach den meisten schamanischen Traditionen geht, ist dieser Ort der wichtigste Raum auf Erden. Dieser Ort ist dein Mutterleib.

Unser Mutterleib, unser Schoß ist unser Zentrum. Er ist das Zentrum der Schöpfung des ganzen Universums. Er ist der Ort, an dem alles lebendig wird, an dem alles geboren wird.

Harmonie und Erfüllung an diesen Ort zu bringen, bedeutet für uns Frauen, aus diesem schöpferischen Raum heraus zu leben.

Dein Mutterleib ist nicht nur das Portal, durch das ein Mensch den Weg in die Welt findet, er ist ein Ort, an dem unendliche Möglichkeiten entstehen können. Er ist der Ort, an dem wir unsere Verbindung zu Muttererde und all ihren Kreationen finden. Unser Mutterleib ähnelt der Erde. Alles, was wir in der Natur sehen, ist eine Schöpfung der Erde: die Pflanzen und Tiere, das Feuer, das Wasser, die Luft. Auch alle Dinge, die wir besitzen, haben ihren Ursprung in Muttererde.

Unsere weiblichen Körper sind nicht anders. Sie erschaffen ständig etwas Neues. Sie erschaffen Kinder, neue Wirklichkeiten, Träume, Gedanken, Gefühle und mehr.

Wir können von der Kraft unseres Mutterleibes profitieren, wenn wir sie so nutzen, wie sie ursprünglich gedacht war. Sie ist der Ort, an dem neue Welten, neues Leben und neue Realitäten erschaffen werden. Unser Mutterleib ist die Verbindung zu allem. Wenn wir mit ihm verbunden sind, sind wir mit seiner Weisheit und seiner Fruchtbarkeit vereint. Sind wir mit ihm verbunden, sind wir mit all seiner Schöpfung vereint und bekommen ein tiefes Verständnis für das, was hier auf der Erde gerade passiert.

Die Verbindung zu unserem Mutterleib erlaubt uns eine klare Intuition und eine Weisheit, die weit zurück in die Vergangenheit und weit nach vorne in die Zukunft reicht. Er weiß, welche Wahl für uns, für unsere Lieben und für unsere Gemeinschaft die beste ist. Das ist der Ort, dem du folgen möchtest. Er kann dein Anführer und Meister sein. Er ist wie das Licht im Dunkeln, wenn alles unerkennbar ist. Wenn wir nicht wissen, was zu tun ist und wohin wir gehen sollen, wird er die richtige Antwort für uns haben. Und für jede Frau wird es eine andere Antwort sein. Wenn wir uns in unserem Mutterleib die Welt erträumen, die wir gern sehen wollen, wird das unsere Zukunft sein.

Bewusstseinsarbeit Nr. 8

Bewusstseinsarbeit
Nr. 9

Den sakralen Raum betreten

Anmerkung zu der folgenden Übung:
Auch wenn du anfangs keine Resultate feststellst, kannst du dir dennoch sicher sein, dass die Übung tiefgreifend ist.

Übe täglich für zwei bis drei Minuten. Am besten morgens, bevor du aus dem Bett steigst und mit deinem Tag beginnst. Es ist fast unglaublich, wie wenige Minuten am Tag deinen ganzen Tag und allmählich dein ganzes Leben verändern können.

Viele Frauen sagen mir, nachdem sie diese Übung für eine Weile gemacht haben, dass sie sich zutiefst verbunden und sicher fühlen. Sie verspüren ein Gefühl von bedingungsloser Freude. Sie fühlen sich ruhiger und wissen, was sie brauchen. Dinge, die ihnen vorher im Leben unmöglich oder unerreichbar erschienen, werden plötzlich zur Realität. Du solltest die Übung regelmäßig machen, um es glauben zu können. Es wird einiges verändern. Nicht nur in deinem Leben, sondern auch im Leben der Menschen, die dich umgeben.

Um folgendem Übergangsritual einen Hauch von Magie und Feierlichkeit zu verleihen, kannst du deinen Altar mit Kerzen, Blumen und betörenden Düften schmücken. Auch kannst du dich selbst mit edlen Stoffen, deinem Lieblingsschmuck und Dingen, die deine Weiblichkeit betonen, ausstatten. Eine Schale voller Obst oder Gemüse und ein Lieblingsgetränk sind hilfreiche Mittel, um dem Ritus Kraft zu verleihen.

Die Übung

Fangen wir mit dem ersten Schritt des Übergangsrituals an. Finde einen bequemen Platz, an dem du sitzen oder liegen kannst.

Beginne damit, ein Dreieck mit deinen beiden Daumen und Zeigefingern zu bilden. Leg dieses Dreieck auf deinen unteren Bauch, unterhalb deines Bauchnabels. Die Zeigefinger zeigen nach unten. Dies ist ein uraltes Symbol für die Gebärmutter.

Nun schließ deine Augen und atme tief ein und tief aus.

Stell dir vor, dass du durch das Dreieck in deinen Mutterleib hineingehst.

Der Raum ist eine orange-gelbe wohltemperierte Höhle. Es ist hier still und friedlich.

Du schaust dich ein wenig um. Du siehst leuchtende farbige Kristalle an den Wänden glitzern, die dich an das unendliche Universum erinnern. Es ist alles langsam in dieser Höhle. Keiner kann dich hier stören. Hier musst du nichts tun, außer du selbst zu sein. Manchmal hörst du sanfte Töne und manchmal leises Plätschern von Wasser. Setz dich hin oder leg dich in deine Höhle. Werde ganz still. Das ist dein Zuhause. Mach es dir gemütlich, indem du alles, was du dafür brauchst, spontan entstehen lässt. Dieser Raum ist deine Verbindung zu allem auf diesem Planeten und darüber hinaus. In dieser Höhle gibt es für alle Fragen und Bedürfnisse eine entsprechende Antwort.

Erinnere dich jetzt an die innere zarte Empfindsamkeit, die du erlebst, wenn du dich verliebst. Gib dich dieser Erfahrung hin und lass dich fallen. Atme tief ein und aus und lass dich tief in die Liebe hineinfallen. Sei aufmerksam. Spüre alles in dir. Sei auf eine sehr natürliche Weise zutiefst offen für dich selbst. Du begreifst jetzt, dass es keinen Sinn macht, auf etwas Besseres zu warten. Lass dich in Liebe fallen. Es ist das Einzige, was wirklich zählt. Lass dich tiefer fallen und sei zutiefst in das Wunder des bewussten Erlebens verliebt. Lass dich von der Fülle, der Schönheit und der Herausforderung deiner menschlichen Erfahrung berühren.

Diese Übung ist nicht etwas, das du tust. Sie ist etwas, das dir passiert. Du lässt dich in die Liebe, die da ist, hineinfallen. Egal was jetzt in dir auftaucht, halte dich mit den Armen eines Liebhabers fest. Sorge dich um diese jetzige Erfahrung, als ob sie deine große Liebe wäre. Umarme diesen Moment mit all deiner Kraft. Akzeptiere alles, wie es ist. Sei innig mit allem, was du in dir spürst. Erlebe dich ganz. Öffne dich für deine Empfindsamkeit. Lass dich in die tiefste Präsenz fallen. Sei hingebungsvoll in deiner Liebe. Das Jetzt ist der einzige Moment, dem du dich hingeben kannst. Das ist der einzige Moment, in dem du lieben kannst. Egal was in dir auftaucht, ob sonnig oder schmerzhaft, ob freudig oder verwirrend, erlaube es. Und lass dich weiter tief in Liebe fallen. Erlaube dir, die Liebe zum Leben zu empfinden.

Hör jetzt in die Höhle hinein. Vielleicht möchte dir dein Raum in Worten, Bildern oder in Visionen etwas sagen. Die Höhle hält dich, sie umarmt dich und umgibt dich mit Liebe. Atme die bedingungslose Liebe ein, die von ihr zu dir strömt. Bleib für eine Weile in dieser nährenden Quelle der Liebe.

Von jetzt an bist du eine Frau, die aus ihrer Mitte heraus ihr Leben führt. Eine Frau, die genau weiß, wer sie ist, was sie ist und was sie tut. Von jetzt an bist du die Frau, die mit erhobenem Haupt geht und jeden Schritt mit Selbstbewusstsein und Liebe macht. Von jetzt an bist du eine Frau, die auf sich achtet. Du lebst ab heute aus deiner Mitte heraus.

Dein Mutterleib ist ein Tor zu deinem immensen Reichtum und zu bedingungsloser Liebe. Du kannst dir in jeder Situation, in der du Unterstützung und Kraft brauchst, vorstellen, dass du in diesem deinen Raum bist.

Atme tief ein und tief aus. Willkommen.

Du hast jetzt deine ersten Schritte in dein neues Leben gemacht. Je öfter du diese Übung machst, desto einfacher wird es, dich mit dem Leben selbst zu verbinden.

Glaubst du an das, was du denkst?

Hast du dir schon einmal genau angehört, was deine Gedanken über Liebe und Partnerschaft aussagen?

Dir ist sicherlich aufgefallen, wie deine Gedanken dir erklären, was Liebe und Partnerschaft für dich tun können. Was sie für dich erleichtern können und was sie für dich erledigen können.

Wurdest du in der Vergangenheit enttäuscht, können dir deine Gedanken erzählen, dass du betrogen und beraubt wurdest, dass du benachteiligt und ausgeschlossen wurdest und dass deine Dummheit und Unvollkommenheit mögliche Gründe für das Drama sind.

Deine Gedanken überzeugen dich dann davon, dass nur eine neue, noch bessere Partnerschaft dich wieder ganz machen kann.

Bist du ängstlich und sehnst dich nach Sicherheit und Geborgenheit, werden dir deine Gedanken versichern wollen, dass die aufrichtige und reine Liebe eines anderen deine Rettung ist.

Hat dich dein bisheriges Leben enttäuscht und machen die Dinge keinerlei Sinn mehr, sagen dir deine Gedanken, dass sich dein Schmerz nur mit einer harmonischen Partnerschaft reparieren lässt.

Bewusstseinsarbeit Nr. 9

Bewusstseinsarbeit
Nr. 10

Was denkst du über Liebe?

1. Schreib in deinem Tagebuch auf, was du von einer Partnerschaft erwartest und was du dir von ihr erhoffst.
2. Wie kann eine neue Liebe dir helfen, deine Einsamkeit zu überwinden?
3. Schreib dann zehn Dinge auf, die du glaubst, nur durch eine Partnerschaft bekommen zu können.
4. Was sind die fünf essenziellen Dinge, die du heute in deinem Leben brauchst?
5. Was glaubst du wird aus dir, wenn du nie wieder die Liebe durch eine Partnerschaft erleben darfst? Welche Ängste hast du diesbezüglich?

Wenn du dir deine Auflistung ansiehst, wird dir auffallen, dass du Liebe, Partnerschaft und deine Grundbedürfnisse nach Schutz und Wachstum in den gleichen Topf wirfst. Gedanken über deine Bedürfnisse haben einen Kommandoton. Sie sind herrisch.»Wenn ich das nicht bekomme, werde ich nicht glücklich sein können.« Glaubst du diesen Gedanken, fühlst du dich gezwungen, das zu tun, was sie dir sagen. Du wirst die Anerkennung anderer suchen, um deine Bedürfnisse zu erfüllen.

Es gibt einen anderen Weg, auf deine Gedanken über Liebe oder über Einsamkeit zu reagieren. Der Weg ist, diese Gedanken zu hinterfragen.

Wie kannst du deine Bedürfnisse hinterfragen?

Wie kannst du deine Gedanken beobachten, ohne ihnen Glauben zu schenken?

Vielleicht sagen dir deine Gedanken im Moment, dass du Angst davor haben musst, einsam und allein dein Leben zu verbringen oder sogar allein zu sterben. Was solchen Gedanken folgt, sind zukünftige Bilder von dir als arme einsame Frau.

Du siehst in deiner Fantasie deine einsamen Spaziergänge. Du siehst, wie du täglich allein aufstehst und allein in dein kaltes Bett steigst, ohne jemals in den Genuss von menschlicher Berührung zu kommen. Die ewige Sehnsucht, etwas teilen zu wollen, wird nie erfüllt.

Stell dir jetzt bewusst dieses Bild vor: Du bist so allein, und um glücklich zu sein, brauchst du einen Partner. Schau dir diese Frau in deinen Gedanken an. Ist das wahr, dass diese Frau einen Partner braucht, um glücklich zu sein?

Spüre, welche Antwort in dir auftaucht. Ist es ein Ja oder ein Nein?

Wie fühlst du dich bei dem Gedanken, dass diese Dame einen Partner braucht, aber keiner da ist? Welche Bilder und welche Emotionen tauchen in dir auf?

Nimm dir Zeit und spüre, welche Emotionen und Bilder hochkommen. Wirst du traurig oder ängstlich? Malst du dir triste Szenarien aus?

Deine Trauer und deine Ängste werden von solchen zukünftigen Fantasiebildern befeuert. Deine Schmerzen sind Resultate deiner Gedanken und deiner Identifikation mit der imaginären Zukunft. Du siehst Fantasiebilder von dir. Du bist in einer entfernten Zukunft immer noch allein. Während du spazieren gehst, siehst du alle anderen Menschen, die Hand in Hand gehen und glücklich sind. Und dann gibt es dich. Unsichtbar und einsam.

Du vergleichst also die anderen »glücklichen« Menschen mit dir selbst und es entsteht Trauer. Das sind meist die Bilder, die wir uns ausmalen. Diese tristen Bilder, die du dir ausmalst, sind mit Träumen oder, besser gesagt, mit Albträumen zu vergleichen. Du träumst!

Von einem Albtraum wachst du auf und bist in der Regel froh, dass es nur ein schlechter Traum war. Wach jetzt aus diesem Traum von einer imaginären Zukunft, in der du dich immer einsam und immer traurig fühlst, auf!

Überleg dir jetzt, wer du ohne diesen Traum bist. Räum diese herzzerreißenden, melodramatischen Bilder aus dem Weg. Wer bist du ohne diese Bilder? Wie geht es dir ohne zukünftige

Bilder deiner Situation? Nimm dir dafür einen Moment Zeit und schreib die Antwort in dein Tagebuch.

Wenn du an diesen Albträumen festhalten möchtest, weil du dich dadurch lebendiger fühlst, dann nur zu. Klapp dieses Buch zu und komm wieder, wenn du dir Flügel wachsen lassen möchtest.

Es ist dein Verstand, der die Ursache deines Leidens ist. Achtung! Du schläfst und träumst! Achtsamkeit heißt in diesem Fall, dass du weißt, dass du träumst. Dass du dir dessen bewusst bist.

Die einsame Frau, die du in der Zukunft siehst, bist nicht du. Sie ist eine imaginäre Person, mit der du dich identifiziert hast. Du schläfst mit offenen Augen.

Wie geht es dir heute, jetzt in diesem Moment? Brauchst du jetzt in diesem Moment, während du diese Zeilen liest, einen Partner oder geht es dir gut? Welches Selbst ist es, das sich einsam und traurig fühlt? Das Selbst, das diese Zeilen liest, oder das imaginäre Selbst?

Du wünschst dir also einen Partner. Bist du dir da sicher? Wenn du ernsthaft darüber nachdenkst, wirst du feststellen, dass du nicht wissen kannst, ob du dir einen Partner wünschst. Du kannst es nicht wissen, bis du einen echten Partner vor deiner Nase hast.

Du glaubst, dass du unbedingt einen Partner brauchst, und in deiner Fantasie bist du sicher sehr spezifisch bezüglich der Attribute, die ihn zu einem perfekten Menschen machen. Er muss dich bedingungslos lieben und natürlich tugendhaft und gut aussehend sein. Deine Gedanken haben also besondere Anforderungen an den Partner. Und wenn eine reale Person in deinem Leben auftaucht, dein Partner wird, aber wenige deiner bevorzugten Eigenschaften besitzt, dann führst du zwei Partnerschaften. Der, der vor dir steht, kann niemals dem Partner aus deiner Fantasie das Wasser reichen. Du kannst also nicht wissen, ob du dir einen Partner wünschst, bis du einen lebendigen Partner vor deiner Nase hast.

Denkst du immer noch, dass du dringend einen Partner brauchst?

Ist die Antwort immer noch ein klares Ja?

Wie verhältst du dich in einem Umfeld von potenziellen Partnern, in einem Raum voller attraktiver Männer, wenn du glaubst, dass du dringend einen Partner brauchst?

Schreib deine Antworten in deinem Tagebuch auf.

Nun stell dir dein Leben ohne den Gedanken »Ich möchte unbedingt einen Partner haben« vor. Wie verhältst du dich dann gegenüber einem potenziellen Partner?

Schreib dir auch hierzu deine Antworten auf.

Ich wette, dass du viel freier, entspannter, authentischer und zugänglicher bist ohne den Gedanken, dass du einen Partner brauchst. Siehst du, wie deine Gedanken dich davon abhalten, jetzt und hier glücklich zu sein?

Schreib jetzt in deinem Tagebuch zehn Gründe auf, warum du keinen Partner haben möchtest. Damit meine ich, welche Vorteile du davon hast, im Moment allein zu sein. Ich bin sicher, dass es mehr als zehn Vorteile gibt. Aber fangen wir mit wenigen Beispielen an. Lies dir anschließend deine Antworten laut vor.

Wie du siehst, gibt es durchaus Vorteile, keinen Partner zu haben. Es gibt also Vorteile, einen Partner zu haben, und es gibt genauso Vorteile, mit dir allein zu sein. In beiden Fällen hast du die Möglichkeit der Weiterentwicklung. Und keinen Partner zu haben, bringt dir jetzt, hier und heute viele Vorteile.

Freude ist mit oder ohne einen Partner immer möglich. Du entwickelst dich so oder so weiter. Bist du mit dir im Reinen und einverstanden, kann der Partner kommen oder auch nicht. Es macht keinen Unterschied. Jetzt und heute geht es darum, der

Person Aufmerksamkeit zu schenken, mit der du die meiste Zeit verbringst. Und das bist du!

Du könntest jetzt natürlich sagen, dass es doch etwas anderes ist, wenn eine andere Person dich im Arm hält, deine Haut berührt und dein Bedürfnis nach Nähe stillt.

Okay, dann hinterfragen wir auch diese fixe Idee.

Du willst also körperliche Nähe? Bist du sicher, dass es das ist, was du jetzt willst?

Schreib in dein Tagebuch fünf Gründe, warum du glaubst, körperliche Nähe zu brauchen. Lies dir deine Antworten laut vor.

Wie fühlst du dich, wenn du denkst, dass du körperliche Nähe brauchst, aber es ist niemand da? Schreib deine Antworten auf und lies sie dir anschließend laut vor.

Es ist doch interessant, dass wir in dieser Sehnsucht, in dieser Fantasie von Berührung versäumen zu sehen, dass wir in Wirklichkeit die Liebe unseres Lebens vernachlässigen. Wir vernachlässigen unser eigenes Wesen. Unseren ewigen Partner. Wir sind nicht in Berührung mit unserem eigenen Sein. Das macht die Welt in der Tat einsam.

In Wirklichkeit kannst du immer jemanden aus deinem Umfeld fragen, ob er oder sie dich in den Arm nimmt. Das machen deine Mitmenschen gern für dich.

Eines muss aber klar sein: Eine genussvolle Berührung hängt von einigen Parametern ab. Du musst dich in deinem Körper wohlfühlen und in der richtigen Stimmung dazu sein. Dann kommt es darauf an, wer dich wie, wo, warum und wann berührt. Die perfekte Berührung kommt immer mit gewissen Auflagen. Unter diesen Umständen scheint eine wohltuende Berührung etwas Seltenes zu sein.

Schreib jetzt in deinem Tagebuch zehn gute Gründe auf, warum du jetzt besser keine körperliche Berührung erfahren möchtest. Lies dir deine Antworten anschließend laut vor.

Wie du siehst, gibt es auch gute Gründe, keine Berührung erfahren zu wollen.

Viele meiner Leserinnen sagen sicher nach dieser Übung: »Das ist unrealistisch. Das ganze Leben ist doch auf Paare ausgerichtet.« Sigmund Freud würde der Aussage völlig zustimmen. Wenn es nach ihm ginge, drehte sich alles, was wir im Leben tun, um Paarung. Dennoch stelle ich dir hier erneut die Fragen, die du schriftlich beantworten sollst: Wie fühlst du dich bei dem Gedanken, dass das Leben für Paare gemacht ist, du aber außerhalb von dir selbst keinen Partner hast? Wer wärst du ohne den Gedanken »Das Leben ist für Paare gemacht«? Schreib deine Antworten in deinem Tagebuch auf.

Sicher fällt dir auf, dass es bei den Fragen um das Thema Freiheit geht. Ohne diese fixen Ideen, Schablonen und Vorstellungen bist du frei! Das bedeutet wiederum, dass die fixe Idee, einen Partner haben zu müssen, dich gefangen hält. Sie versklavt dich.

Je mehr du deine Gedanken infrage stellst, desto eher löst du dich aus der Geiselhaft, aus diesem Albtraum. Aus einem Albtraum wachst du erst auf, wenn er schmerzhaft und erschreckend genug ist.

Bewusstseinsarbeit Nr. 10

Dein System upgraden

Bevor wir tiefer in die Transformation einsteigen, möchte ich mit dir diesen ganzen Mechanismus der automatischen inneren Programme noch einmal aus einer technologischen Perspektive betrachten. Ich weiß, dass ich mich wiederhole, aber es ist wichtig, dass du diesen inneren Prozess aus unterschiedlichen Blickwinkeln betrachtest und verstehst.

Aus einer technologischen Sicht sind wir alle Programmierer. Die größte Errungenschaft in deinem Leben ist, dass du deinen »Biocomputer« (deine Persönlichkeit) selbst programmiert hast. Diese unglaubliche Leistung hast du in den ersten sieben Jahren deines Lebens erbracht.

Dieser Biocomputer, den du deine Persönlichkeit nennst, war also schon festgelegt, bevor du einen großen Schatz an Erfahrungen gesammelt hast. Das bedeutet, dass die Erfahrungen, die nach dem Festlegen des Systems gemacht werden, nur durch die Filter des schon festgelegten Systems und seiner Kapazität, neue Informationen integrieren zu können, interpretiert werden.

Was die Art der Programmierung, die du verwendest und mit der du dich identifizierst, bestimmt, sind das Umfeld und die Bedingungen, die du zu Beginn deiner ersten sieben Lebensjahre vorgefunden hast.

Das ist z. B. der geistige und körperliche Zustand deiner Mutter, die dich die ersten Monate im Mutterleib und bestenfalls auch danach genährt hat. Es zählen auch die Beziehungen zwischen den Menschen, die dich erzogen haben, das familiäre System und die Menge an Liebe und Zuneigung, die in diesem Umfeld vorhanden waren.

In diesen ersten kritischen Jahren der Selbstprogrammierung ist eine gesunde Portion Liebe und Schutz die Voraussetzung für eine aufgeschlossene, freundliche und offene Beziehung zur Realität.

Eine aufgeschlossene Beziehung zur Realität zeigt sich in Lernbegierde, dem Wunsch nach Weiterentwicklung und dem

Verlangen nach Echtheit und Wahrheit. Diese Wünsche werden im Selbstprogramm die Hauptmotivation des Daseins.
Werden bedingungslose Liebe und Schutz gar nicht oder in nicht ausreichenden Mengen erfahren, wirst du dich so programmieren müssen, dass du dich vor Ablehnung und Aggression schützt.

Dein Kampf- und Fluchtreflex wird ständig »online« sein. Du wirst dich gezwungen fühlen, immer – koste es, was es wolle – nach Sicherheit zu suchen. Das Ungewisse wird dir nicht erstrebenswert erscheinen oder sogar völlig fremd sein. Und es wird dir an Mut fehlen, Neues zu lernen bzw. kennenlernen zu wollen. Du wirst deine Sicherheit vor deine Freiheit stellen.

Der verinnerlichte Sinn für Schutz und Sicherheit, Wohlbefinden und Herzenswärme ist die Voraussetzung, um körperlichen Schutz und geistige Unversehrtheit, wie wir es bei unserer Mutter erlebt haben, zu verlassen und furchtlos in die Welt hinauszutreten.

Sind diese grundlegenden Voraussetzungen nicht gegeben, muss das Selbstprogramm dahingehend gestaltet werden, dass es einigermaßen mit den Widrigkeiten des Lebens zurechtkommt. Um das zu erreichen, werden einige Teile des Programms (Persönlichkeitsanteile) notwendigerweise gerüstet und bewaffnet. Ziel ist es, aggressiv und eindringlich zu sein, um sich zu schützen oder auf der anderen Seite zurückgezogen, folgsam und gefällig zu sein, um Ablehnung zu vermeiden.

Das kann auch bedeuten, so in sich gekehrt zu sein, dass du dich auf einer tieferen Ebene nie mit der Außenwelt verbindest. Oder dass du dich als verrückt und abgedreht darstellst, sodass andere keinen Zugang zu dir finden können.

Es gibt viele Bewältigungsmechanismen für dieses psychologische System bzw. Programm, das auf geniale Weise, bevor der Organismus das siebte Lebensjahr erreicht hat, festgelegt wurde.

Viele dieser Systeme sind dahingehend konstruiert, dass sie Module bilden, damit neue Applikationen integriert werden können. Andere Systeme lehnen grundsätzlich neue Applikationen ab, weil sie in der Vergangenheit zu angsteinflößend waren.

Wenn du ein System programmiert hast, um neue Informationen abzulehnen, damit das innere Gleichgewicht und die Sicherheit erhalten bleiben, dann kannst du schwer aus neuen Erfahrungen lernen.

Dein System ist so prädestiniert, dass es immer wieder die gleichen Muster wiederholt. Um dein Gleichgewicht aufrechtzuerhalten, wirst du neue Informationen verleugnen oder einschlafen, wenn dir Informationen begegnen, die dein Weltbild erschüttern. Du wirst ebenso vor allem, was unbekannt ist, flüchten, es verleugnen und vergessen. Du sorgst also dafür, dass keinerlei neue Informationen bei dir eingehen, die dein System destabilisieren könnten.

Dein psychologisches System beinhaltet mehr als nur einen einzigen Persönlichkeitsanteil oder Avatar, der zum Vorschein kommen kann. Du hast in deinem Leben verschiedene Rollen und Attribute angenommen, die in Konflikt zueinander stehen. Du bist die Tochter, die Mutter, die Mutige, die Introvertierte, die Angestellte oder die Künstlerin. Den inneren Schweinehund kennst du sicherlich. Er verdeutlicht z. B. den ständigen Konflikt zwischen deinen Anteilen bzw. Avataren. Du brauchst verschiedene Avatare, die die Fähigkeiten haben, sich mit unterschiedlichen Lebenssituationen auseinanderzusetzen.

Das Problem ist nur, dass diese unterschiedlichen Avatare oder Einzelpersönlichkeiten die Tendenz besitzen, selbstständig werden zu wollen. Es gibt kein bewusstes Kontrollzentrum für diese unterschiedlichen Einzelpersönlichkeiten.

Dadurch entsteht ein innerer Kampf um die Herrschaft des inneren Kontrollzentrums. Solange dieser innere Kampf ausgefochten wird, bleiben der Geist und das Erleben der Wirklichkeit unruhig und kriegerisch. Um kurzweilig Frieden zu finden, wird für gewöhnlich auf äußere Mittel zurückgegriffen, weil das System nicht gelernt hat, sich aus sich selbst heraus zu versorgen und zu ermuntern.

Man greift zu Medikamenten, Drogen, Essen, Sport, Spiel, Sex oder vielen unterschiedlichen äußeren Mitteln, die zur Verfügung stehen, um das System ruhig und stabil zu halten. Die Sucht, die entsteht, erzeugt Probleme, die außer Kontrolle geraten können. In Wirklichkeit ist die Sucht die einzige Möglichkeit, die deine unterdrückten Anteile haben, um am Leben teilnehmen zu können oder gesehen und gehört zu werden.

Sobald das psychologische System fertiggestellt ist, kann es sich aus eigenem Antrieb nicht mehr verändern. Es kann nichts gestalten, wofür es nicht programmiert ist. Genauso, wie du mit einem Tamagotchi keine mathematischen Aufgaben lösen kannst. Rechnen ist für ein Tamagotchi nicht vorgesehen.

Jedes logische System, ob Algebra oder Arithmetik, oder jedes Kontrollsystem, wie das Militär, das Ego oder das psychologische System, von dem wir hier sprechen, hat eine Schwachstelle. Entweder ist es inkonsequent oder es ist lückenhaft. Es wird also Fragestellungen geben, die das System entweder falsch oder gar nicht beantworten kann. Ich bin mir sicher, dass dies auf alle Menschen zutrifft, die unter ihrer Einsamkeit leiden.

Wenn das psychologische System unter widrigen Umständen programmiert wurde, erreicht es schnell seine Grenzen, wenn es darum geht, sich an unterschiedliche Situationen anzupassen. Ein Beispiel aus dem Leben ist: Eine Frau gerät immer in die gleiche Situation. Sie verliebt sich ständig in Männer, die sie misshandeln, egal wie oft sie den Partner wechselt. Sie weiß nicht, warum das geschieht. Die Frage kann sie sich selbst nicht beantworten. Sie versteht die Welt nicht. Es kommt zu einem Zusammenbruch.

Alle modernen psychologischen Schulen, auch wenn sie unterschiedliche Voraussetzungen und Grundlagen haben, sind sich heute einig über die Logik hinter jedem Verhalten. Es gibt bestimmte psychologische Bedingungen, die entweder einen Zusammenbruch oder einen Durchbruch in der Entwicklung der Persönlichkeit erzeugen. Ein Beispiel: Du erlebst oft in der Pause, dass keiner deiner Kollegen dich anspricht. Du könntest denken: »Wie peinlich. Keiner mag mich. Alle wollen mich meiden und niemand interessiert sich für mich – ich ertrage das nicht länger.« Dies sind Bedingungen, die zu einem Zusammenbruch führen können. Deine Gedanken und Gefühle schädigen dich unentwegt, indem sie wiederholt deine Überzeugung über deine Abnormität aufrechterhalten. Irgendwann ist deine gefühlsmäßige Fähigkeit, den eigenen Selbstwert immer wieder herzustellen, erschöpft.

Ein Durchbruch entsteht, wenn du gelernt hast, solche Ereignisse auch als positiven Reiz anzusehen. Dann würdest du beispielsweise zu dir sagen: »Es ist in Ordnung, etwas Abstand zu meinen Kollegen zu haben. So kann ich in Ruhe mein Mittagessen genießen und das Treiben aus der Ferne beobachten.«

Dein Handeln und die Art, wie du die Dinge erlebst, hängen stark von deinem inneren Dialog ab.

Dieser bewertet ständig deine Umstände und deine Gedanken. Die gefällte Bewertung entscheidet, ob sich die Umstände und deine Gedanken als stärkend oder als Strafe auswirken.

Manche Egos entwickeln sich nicht über eine sehr einfache, leicht zu verstehende, primitive und leicht zu manipulierende Stufe hinaus. Andere Egos sind komplexer, subtiler, mit dem Vermögen, kritisch zu denken, sich zu erweitern und sich schnell anzupassen. Beide Stufen sind in der Psychologie gut untersucht und die Mechanismen, die zu dem einen oder dem anderen führen, sind wohl verstanden. Und damit sind die Grenzen der Psychologie erreicht.

Höhere Stufen der Entwicklung, die z. B. in ostasiatischen buddhistischen Schulen oder in Yogaschulen erwähnt werden, sind nicht im Rahmen der westlichen Psychologie vorgesehen und werden auch nicht bekräftigt. Ganz im Gegenteil! Das Streben nach höheren Stufen der seelischen Entwicklung jenseits der westlichen Psychologie wird in unserer Gesellschaft herablassend als Wellnessanwendung angesehen. Jene, die nach höherer Spiritualität streben, werden in der akademischen Gesellschaft verspottet und in ihren Bestrebungen entmutigt.

Wir können ein Problem nicht auf der gleichen Ebene lösen, auf der es entstanden ist. Es muss die Möglichkeit für eine überpersönliche Transformation des Ego-Systems geben, wenn wir das System neu programmieren wollen. Das System kann sich nicht selbst umgestalten. Wenn du aber Zugang zu dem ursprünglichen Programmierer herstellst, wird er derjenige sein, der das Programm neu programmieren und so verändern kann, dass es immer höhere Stufen von Vermögen, Intelligenz, Liebe und Freiheit erreichen kann.

Du wirst dann die Nutzerin des Systems sein und nicht nur diejenige, die sich mit dem System identifiziert. Auf dieser Stufe jenseits des Egos, dieser Stufe von Bewusstsein wollen wir uns verankern. Dazu kommen wir später. Erst wollen wir gemeinsam untersuchen, womit du dich heute identifizierst.

Wer bist du?

Die meisten Menschen zählen ihren Körper, ihre Fähigkeiten und Emotionen zu dem, womit sie sich identifizieren. Sie behaupten, diese Attribute seien das, was sie sind. Ist das bei dir auch so?

Wenn diese drei Identifikationspunkte negativ belastet sind, erleben wir das Leben entsprechend negativ, und wenn sie positiv behaftet sind, lassen wir angenehme und unangenehme Erfahrungen ohne besondere Anhaftung gleichermaßen zu.

Wir können also mit Schmerz und Leiden so identifiziert

sein, dass unser Ego diese nicht mehr loslassen möchte, aus Angst, die Identität zu verlieren. Jede Erfahrung von Leid wirkt dann als Bestätigung unserer Identifikation.

Wir Menschen im Westen sind davon überzeugt, dass unser Ich, das sich irgendwo innerhalb des Körpers befindet, das Zentrum des Empfindens ist. Wir glauben, unser Ich wohne in unseren Köpfen. In manchen Kulturen glauben die Menschen, ihr Ich im Herzbereich verorten zu können. Andere ordnen es ihrem Magenbereich, wieder andere dem Solarplexus zu. Wir im Westen verorten das Zuhause des Ichs im Kopf.

Hier im Kopf sitzt das kleine Ich und schaut sich einen 4-D-Film an. Vor ihm befindet sich eine Konsole mit vielen schönen Knöpfen, mit denen es jede kleine und große Bewegung des Körpers kontrolliert und sich jede Information von außen über die fünf Sinne einholt. Das ist also dein Ich?

So ausgestattet, behaupten wir, einen Körper zu haben. Genauso behaupten wir, Kopfschmerzen, einen Namen oder ein Fahrrad zu haben. Und diesen Körper kann ich zum Friseur, zum Arzt, zum Training bringen. So wie ich mein Fahrrad zur Reparatur bringen kann. Der Körper gehört dir, weil du darin steckst. Unser Körper wurde also, bei der Empfängnis, irgendwie in den Leib unserer Mutter reingesteckt. Oder vielleicht schlüpften wir später in der fortgeschrittenen Schwangerschaft in unseren kleinen Körper im Bauch unserer Mutter hinein.

Selbst in der Sprache ist es nicht klar, wo wir unser Ich wirklich verorten. »Ich esse«, »Ich spreche« oder »Ich schlafe« sagen wir. Aber wir behaupten nicht, unser Herz zu schlagen, unsere Nägel zu wachsen oder unsere Körper zu formen. Das sind Dinge, die uns passieren, und wir wissen nicht, wie der Körper sie macht.

Wo ich aber zu 100 Prozent sicher bin, ist, dass alles, was außerhalb von mir ist, ganz sicher nicht mein Ich ist. Außerhalb von mir gibt es andere Menschen, die höchstens so beschaffen sind wie ich. Dann gibt es viele andere Wesen, wie Tiere, die nicht so beschaffen sind wie ich. Auch sie haben ein Ich, dass in ihren Körper eingeschlossen ist. Diese Menschen und Tiere haben mehr oder weniger alle Empfindungen und Fähigkeiten wie ich. Und dann gibt es den Rest der Natur wie Steine, Bäume und Sterne. Sie können nicht denken, glauben wir. Sie sind einfach. Ein automatisches, mechanisches Werk, in dem wir leben. In dieser fremden und äußerst feindlichen Außenwelt, die wir irgendwie beherrschen müssen, wollen wir irgendwie überleben.

Wir sind ängstliche Fremde in einer Welt, die wir nicht selbst gestaltet haben. Wir bezwingen diese Natur, weil wir uns mit ihr im Kampf befinden. Das ist unser seltsames Scheinbild von Identität.

Wir leben in einer erfundenen Geschichte, in der wir allein sind in der fremden, getrennten Welt, in einem Körper, der nicht ganz unser Ich ist.

Dieses Phänomen, sich als getrenntes, isoliertes Individuum zu fühlen, ist nach buddhistischer Ansicht eine Halluzination. Eine Täuschung, die viele Ursachen hat. Sie kann aus unserer Sozialisation, aus unserer Erziehung oder aus unserer Erfahrung stammen. Wir haben gelernt, uns mit etwas zu identifizieren, um uns klar abzugrenzen. Das sind die Bedingungen und Einflüsse, die zu unserer falschen Identifikation und zum Gefühl der Isolation beitragen.

Bewusstseinsarbeit
Nr. 11

Die Identifikation
– Wer bin ich?

Teil 1:

Beantworte folgende Fragen in deinem Tagebuch, bevor du zu Teil 2 der Übung übergehst.

1. Wer bist du?

2. Womit hast du dich identifiziert?

3. Was ist das, was du dein Selbst nennst?

4. Wer ist dieses Ich, das von allen anderen Ichs getrennt ist?

Teil 2:

- Finde einen Gegenstand, der dich inspiriert, anzieht oder anspricht. Vielleicht liegt etwas Passendes auf deinem Altar oder in deinem Garten. Egal was es ist, ob ein Stein, ein Blatt oder ein Seidentuch, wichtig ist, dass der Gegenstand dich anzieht oder besonders inspiriert.
- Nimm deinen Gegenstand in die Hand und betrachte ihn für ein bis zwei Minuten.
- Beschreibe diesen Gegenstand jetzt schriftlich in deinem Tagebuch. Geh dabei ins Detail. Wie sieht er äußerlich aus? Wie ist die Form? Wie fühlt sich seine Oberfläche an? Wie ist die Farbe? Wie ist seine Struktur?
- Beschreibe jetzt das Innenleben des Gegenstands. Stell dir vor, der Gegenstand hat ein Bewusstsein. Wie geht es ihm? Was fühlt er? Was ist sein innerer Zustand?
- Welche Sehnsüchte hat dieser Gegenstand?
- Was erfüllt diesen Gegenstand?
- Welche Ängste hat dieser Gegenstand?
- Was möchte der Gegenstand nie wieder erleben?
- Worauf freut sich dieser Gegenstand? Welche Zukunft wünscht er sich?

Nach dem Aufschreiben möchte ich dich bitten, dir selbst das Geschriebene in der Ich-Form vorzulesen, z. B.: »Ich bin warm, weich und leicht. Ich sehne mich nach Schatten. Etc.«
Beim Lesen wird dir deutlich auffallen, dass du in allem nichts anderes als dich selbst siehst. Diese Tatsache führt uns zum Spiegel-Konzept.

Das Spiegel-Konzept – Wir sehen in allem nur uns selbst

Hast du schon einmal die Aussage gehört: »Wir können nur Dinge in anderen sehen, die wir in uns selbst tragen«? Das ist eine spirituelle Lektion, die jeder lernen sollte. Jeder, den du triffst, ist dein Spiegel. Wir verstehen uns selbst am besten durch unsere Beziehungen zu unserer Umwelt.

Es ist wahr, dass wir an anderen das verachten, was wir in uns verneint haben. Öffne dich also dem Gedanken, dass du Menschen, die du nicht ausstehen kannst, ähnelst. Entweder du bist genauso wie sie oder du hast diese Seite in dir so weit begraben, dass du dich niemals (bewusst) auf diese Art zeigen würdest.

Achte darauf, wie andere dich spiegeln. Wenn mehr als eine Person etwas an dir bemerkt, das du an dir nicht siehst, sei dankbar, anstatt dich ewig zu verteidigen.

Wir neigen dazu, die unangenehmen Eigenschaften anderer zu beurteilen und zu kritisieren. Das erinnert an die Analogie des tadelnden Fingerzeigens auf andere. Ein Finger zeigt auf eine andere Person und zwei Finger zeigen auf uns selbst zurück.

Wenn bestimmte Persönlichkeitsmerkmale eine negative Reaktion in dir auslösen, kommt etwas in dir auf, das bereit ist, geheilt zu werden. Normalerweise repräsentiert es Probleme aus deiner Vergangenheit, die ungelöst geblieben sind.

Ein Beispiel dafür wäre, ständig Männer anzuziehen, die dich betrügen. Der Grund dafür kann sein, dass du dich nicht mit einem elterlichen Vertrauensproblem beschäftigt hast. Was du siehst, ist eine Manifestation der Überzeugung, dass du niemandem vertrauen kannst.

Ein weiteres Beispiel wäre: Du bist jemand, der ein ständiges Bedürfnis hat, anderen beweisen zu müssen, dass du recht hast. Höchstwahrscheinlich wirst du dann Menschen anziehen, die mit deinen Thesen nicht einverstanden sind, weil auch sie das Bedürfnis haben, andere davon zu überzeugen, das Leben aus ihrer Perspektive zu sehen. Jede Person, die wir im Leben treffen, erscheint zur perfekten Zeit in unserem Leben, um etwas zu reflektieren, das wir in uns selbst heilen müssen. Die Menschen, mit denen du täglich interagierst, zeigen dir, wer du bist. Letztendlich bieten sie dir die Möglichkeit, dich selbst zu erkennen und lieben zu lernen. Da es unsere Mission ist, zu entdecken, was wir nicht lieben, und zu lernen, es zu lieben, gehören die Menschen, die uns am meisten auf die Nerven gehen, zu unseren größten Lehrern.

Wirst du von einer Person oder Situation getriggert, dann stell dir folgende Fragen:

Was zeigt mir diese Person, das ich lernen muss, um wieder ganz zu werden? Verhalte ich mich manchmal auch so? Habe ich mich früher so verhalten?

Dir selbst zu verzeihen, ist, wie wir besprochen haben, die effektivste Kunst, um sich von verletzenden Begegnungen zu lösen. Wir können andere nur in dem Maße akzeptieren, wie wir uns selbst lieben und akzeptieren. Machst du es dir zur Gewohnheit, aus deinen Beziehungen und Begegnungen zu lernen, wirst du entdecken, dass du plötzlich frei von Urteilen und frei von Drama störende Züge an anderen beobachten kannst, ohne dich emotional zu verstricken.

Wenn du feststellst, dass du eine Beziehung pflegst, in der du gewohnheitsmäßig auf irgendeine Weise missbraucht wirst, ist es gesünder, deinen Kontakt mit dieser Person zu begrenzen oder ihre Gesellschaft komplett zu meiden.

Sofern du die Lektionen, die du in der Beziehung erkannt hast, annimmst und dir selbst und der anderen Person vergibst, liegt hier ein großes Entwicklungspotenzial.

Es gibt noch eine gute Nachricht: Wünschenswerte Eigenschaften, die wir bei anderen anerkennen, sind ebenfalls ein Spiegelbild unseres Selbst.

Wir Menschen kommen auf diese Erde, um uns daran zu erinnern, dass wir mit allem eins sind. Jeder, dem wir begegnen, ist da, um uns daran zu erinnern. Alles, was wir sehen, bringt die Möglichkeit mit sich, uns selbst darin zu sehen. Das setzt voraus, dass wir bereit sind, genau hinzuschauen.

Mit jeder Spiegelung kommt die göttliche Chance, tiefer in uns selbst hineinzutauchen, um etwas Besseres in uns hervorzurufen oder um einen abgespaltenen Anteil zurückzubringen.

Vergiss nicht, dass auch du ein Spiegel für andere bist und dass die Dinge, die sie in dir sehen, ihre eigenen Spiegelungen sind, anhand derer sie wachsen können.

Jeder Mensch, jedes Wesen, jedes Ding, dem wir begegnen, spiegelt etwas zu uns zurück. Jede Person, die in unser Leben tritt, ist aus Gründen da, die wir noch zu erkennen haben. Es dauert manchmal eine Weile, bis wir erkennen, was genau sie uns spiegeln wollen.

Mit der Zeit und solange wir aufmerksam damit umgehen, können wir beginnen, die Spiegelungen zu erkennen, die wir sehen müssen.

Lerne die Sprache der reflektierenden Trigger. Je genauer du hinschaust, desto mehr verändert sich deine Perspektive und du näherst dich dem Glück.

Bewusstseinsarbeit Nr. 11

Bewusstseinsarbeit Nr. 12

Die Verschiebung der Perspektive

Fang damit an, Platz für die nicht angenommenen Anteile zu machen, indem du dir jetzt überlegst, was du an anderen Menschen nicht ausstehen kannst.
Fang mit Menschen an, die dir nahe sind. Es können Familienmitglieder, Freunde oder Nachbarn sein. Was ist es, was du an diesen Personen nicht ausstehen kannst?

Das Erkennen von Spiegelung hilft uns zu begreifen, dass es im Leben nicht darum geht, tadellos zu sein, sondern zu sehen, dass wir alle durch unsere Unvollkommenheiten verbunden sind.
Nimm dir Zeit, um auf die Menschen in deinem Leben und in deiner Umgebung zu achten. Schau dir auch die Menschen genau an, zu denen du dich hingezogen fühlst. Wenn du dich von jemandem magnetisch angezogen fühlst, beobachte, was dich an dieser Person fasziniert. Das, was dich da anzieht, trägst du in dir selbst. Ansonsten läge es außerhalb von deinem Fokus.
Jeder Mensch bietet uns die Chance, zu wachsen, zu lernen und uns selbst näherzukommen, solange wir uns auf eine neue Denkweise und eine neue Sicht auf die Dinge einlassen. Durch diesen radikalen Perspektivenwechsel beginnst du, die Menschen so zu sehen, wie sie sind. Das ermöglicht dir wiederum ein besseres Verständnis dafür, wer du bist.
Auf deinem Weg durch das Leben und durch die Lektionen, die es dir offenbart, kommst du deinem wahrsten, göttlichen Selbst näher. Du musst nur bereit sein, dich aufzuraffen und die Arbeit zu tun, die nötig ist, um immer wieder nach diesen neuen Ebenen zu greifen.
Um dieses Ziel zu erreichen, willst du dich ehrlich fragen: Bin ich bereit, mein Spiegelbild in den Spiegeln meines Lebens zu sehen? Bin ich bereit, das, was ich erkenne, als Einladung zu mehr Größe anzunehmen?

Die Unvollkommenheiten anderer werden zwangsläufig Emotionen in dir auslösen und deine tiefsten Unsicherheiten über dich selbst zum Vorschein bringen.

Unsere Familien und engsten Vertrauten wecken oft Unsicherheit und Frustration in uns. Diese engen Beziehungen bringen intensive Emotionen zum Vorschein und zeigen dir, wie du wirklich über dich selbst denkst. Die einzige Art und Weise, wie wir die Welt sehen, ist die, die wir tief in unserem Inneren tragen.

Deine Selbstgespräche

Selbstgespräche sind dein innerer Dialog. Sie werden oft von deinem Unterbewusstsein beeinflusst. Deine Selbstgespräche enthüllen deine Werte und die Qualität deiner Beziehung zur Welt.

Um dich selbst besser zu verstehen, kannst du dir folgende Fragen schriftlich beantworten:

- ♥ Sehe ich mich selbst als Freund oder Feind?
- ♥ Wie stelle ich mich vor anderen dar?
- ♥ Was beneide ich am meisten an anderen?
- ♥ Drückt mein Verhalten Selbstliebe aus?
- ♥ Schwelge ich in meinem Bedauern über das Leben?
- ♥ Wofür bin ich dankbar?

Durch deine Antworten wirst du Emotionen entdecken, die andere in dir triggern.

Sprichst du das nächste Mal mit einer Person, die ein störendes Verhalten zeigt, dann finde heraus, was dich genau ärgert und warum du diese Eigenschaft nicht magst.

Ist es ihre Beliebtheit? Ihre Ungezwungenheit? Ihr Status? Ihre Ignoranz? Ihr Aussehen? Die Beantwortung dieser Fragen wird dir dabei helfen, die Charakterschwächen zu entdecken, die dich von deinem Glück trennen. Es dauert nicht lange und du lässt davon ab, deine Unsicherheiten auf andere zu projizieren. Und das Beste ist, du beginnst zu dem zu stehen, was du bist. Zusätzlich entsteht in dir endlich die nötige Kraft, um deine gewünschte Realität zu erschaffen.

Die Realität ist genau so, wie du denkst. Du erschaffst sie nämlich.

Alles, was du am liebsten von anderen hören möchtest, alles, was dein Traumpartner dir in deinen Fantasien zuflüstert, musst du dir selbst sagen.

»Du bist eine wunderschöne Frau.«
»Ich möchte immer an deiner Seite sein.«
»Du machst mich glücklich.«

Diese schönen Sätze möchte dein Inneres von dir zu hören bekommen. Was du dir innerlich sagst, spiegelt sich in deiner Verbindung mit der Welt.

Lerne ab sofort, auf deine Selbstgespräche zu achten, und du machst einen Quantensprung in Bezug auf deine Beziehungsfähigkeit. Am besten kannst du deinen inneren Dialog beobachten, während du meditierst oder kurz bevor du einschläfst.

Deine Selbstgespräche sind die Ursache für deine zukünftigen Taten und Erfahrungen. Sie zeigen dir deutlich, in welchem Bewusstseinszustand du dich befindest und aus welchem Blickwinkel du dich selbst und die Welt betrachtest. Sorge dafür, dass sie mit dem, was du erreichen willst, übereinstimmen.

Wir haben keine Alternativen, als uns mit unserem Ziel, das Verbundenheit ist, zu identifizieren. Es ist das Selbstgespräch, das die erlebte Einsamkeit in seinem Kreislauf hält. Lass die lieblosen Selbstgespräche los, indem du sie mit liebevollen und konstruktiven Worten ersetzt. Jetzt fragst du dich sicher, wie man etwas kontrolliert, das in der Regel automatisch abläuft. Fang doch damit an, bewusst einen Satz zu konstruieren, der die Erfüllung deiner Sehnsucht zum Ausdruck bringt, wie z. B.: »Ich bin geliebt und gehalten« oder »Ich bin gewollt und geschätzt.« Schreib dir die Sätze auf einem Zettel auf und leg den Zettel auf deinen Altar. Durch das wiederholte Lesen des Satzes säst du kleine Samen, die wachsen und deine zerstörerischen Selbstgespräche allmählich überwuchern.

Die Kunst besteht also darin, zuerst das zu verkörpern, was du in deinem Leben sehen willst. Wenn du den Satz »Ich bin geliebt und gehalten« verkörperst, wird es nicht mehr nötig sein, etwas nachzujagen, das außerhalb von dir liegt. Du kannst dich zurücklehnen und die Dinge mühelos auf dich zukommen lassen. Diese Freude, die jetzt in dir entsteht, gilt es zu kultivieren. Wie du siehst, braucht es nicht das Außen, um geliebt zu werden. Da, wo du innerlich bist, ist auch der Punkt, an dem du äußerlich stehst. Es ist derselbe Raum.

Deine Selbstgespräche müssen einem bewussten Zweck dienen und dürfen nicht einfach dem Zufall überlassen sein. Du kannst dich nicht negativen Selbstgesprächen hingeben und erwarten, dass du dein Leben im Griff hast. Anstatt an Kismet, an das Universum oder an Götter zu glauben, die dir wohlgesonnen sein sollten, sei selbst das Kismet, sei selbst das Universum. Sei selbst die Göttin, die die Macht hat, dein Leben zu verzaubern. Denke wie sie. Übernimm ihre Arbeit und du wirst ihre Macht verkörpern. Erkenne, dass du selbst diese Größe bist. In Wirklichkeit bist du eine Göttin. Du wirst aber niemals erfahren, dass es wahr ist, wenn du nicht aufhörst, die Dinge von außen zu erwarten.

Die innere Trennung, Spaltung und Fragmentierung

Obwohl wir alle in unterschiedliche Familien hineingeboren werden, machen wir in den ersten Monaten nach der Geburt die schmerzhafte Erfahrung, allmählich von einer alles durchdringenden Ganzheit getrennt zu werden. Was wir später in den ersten Jahren auf der Erde lernen, ist, dass es Anteile in uns gibt, die gesellschaftlich akzeptabel sind, und andere, die bemängelt werden. Diese Erfahrung variiert zwar je nachdem, in welche Kultur und Familie du hineingeboren bist. Dennoch bleibt sie im Fundament dieselbe.

Alles, was in uns als inakzeptabel angesehen wird, lernen wir zu verdrängen. Um akzeptiert zu werden, müssen wir uns von vielen Eigenschaften trennen.

Anteile, die für andere erfreulich sind, behalten und kultivieren wir. Das Ergebnis ist das, was wir allgemein als eine »individuelle Persönlichkeit« kennen.

Eine gute und gelungene Persönlichkeit ist eine, die darauf programmiert ist, gesellschaftliche Ablehnung unter allen Umständen zu vermeiden.

Wenn wir diese erfreulichen und kulturell akzeptierten Anteile demonstrieren, erhalten wir Aufmerksamkeit, Anerkennung und manchmal sogar einen hohen Stellenwert in unserer Gesellschaft. Um diese hohe Stellung zu halten und um bestmöglich zu überleben, regulieren, unterdrücken und kontrollieren wir alle anderen Aspekte, die als inakzeptabel betrachtet werden könnten.

Wir verschieben unangepasste und inakzeptable innere Anteile in das sogenannte Unterbewusstsein. Es ist äußerst ironisch, dass wir uns einreden, nur durch Selbstablehnung überleben zu können. Was wir hier aber in Wirklichkeit machen, ist, uns innerlich zu spalten.

Viele erfolgreiche Menschen oder jene, die Anerkennung für ihre Errungenschaften genießen, kommen sich oft wie Betrüger oder Schauspieler vor. Man spricht auch davon, die Seele an den Teufel verkauft zu haben. Was nur bedeutet, dass man »hinderliche« innere Anteile vor der Öffentlichkeit unterdrückt oder sie abtrainiert hat. Dennoch vermisst etwas in uns unsere abgespaltenen Anteile. Als könnten wir uns ohne diese

Anteile nicht vollends über unsere Erfolge freuen. Da ist etwas dran. Wir können ohne unsere Ganzheit tatsächlich kein dauerhaftes Glück finden.

Die Einsamkeit und die verzweifelte Suche nach Verbindung ohne nennenswerte Erfolge sind klare Hinweise für eine innere Spaltung. Was du in Wirklichkeit vermisst, sind die abgespaltenen inneren Anteile, die im Unbewussten verborgen liegen.

Ich möchte an dieser Stelle kühn behaupten, dass das Gefühl, von allem getrennt zu sein, einsam zu sein, die größte Bedrohung auf dieser Erde ist. Das Gefühl, getrennt zu sein, ist der Grund, warum es Diskriminierung und Ausbeutung gibt. Es ist der Grund, warum es Kriege gibt, sinnlose Gewalt und Verbrechen. All dies geschieht, weil wir ernsthaft glauben, dass alles andere, was nicht dem eigenen Ich zugehörig ist, von uns getrennt ist.

Die Einsamkeit ist die blutende Wunde unserer Zivilisation. Das Gefühl, einsam zu sein, ist also keinesfalls dein persönliches Sonderprogramm oder einzigartiges Karma. Es ist unsere gemeinsame, kollektive Herausforderung.

Der betäubende Schmerz der Einsamkeit lässt uns vergessen, dass alle unsere Gedanken, Worte und Taten einen Welleneffekt auf unsere Umgebung haben. Wir haben vergessen, dass wir auf fundamentalster Ebene immer verbunden sind. Es fällt uns deshalb leicht, andere auszubeuten, zu beurteilen oder auszuschließen, ohne dabei das geringste Mitgefühl in uns selbst zu spüren.

Wenn du der Einsamkeit offen und mutig begegnest, keine Versuche unternimmst, die Gefühle und Erfahrungen, die dabei entstehen, zu vermeiden, und stattdessen in der Einsamkeit wachsam und mitfühlend mit dir selbst bleibst, wirst du auch dem Gegenteil der Einsamkeit begegnen. Je klarer du das Gesicht und den Ausdruck von Einsamkeit in dir erkennst, umso deutlicher wirst du das Gesicht und den Ausdruck des Verbundenseins sehen.

Alle einsamen Singles da draußen haben eine persönliche Geschichte über den »Moment der Entkoppelung« zu erzählen. Jeder musste an einer Stelle seines Lebens das Paradies verlassen. Jeder muss mit den daraus entstandenen Schäden zurechtkommen und den Weg zurück nach Hause finden. Die einen suchen vergeblich nach Nähe und die anderen versuchen mit allen Mitteln, die Erfahrung von Nähe zu vermeiden, weil sie nie wieder eine Trennung erleben wollen.

Die erste wichtige Station auf dem Weg zum Einssein ist das Verständnis von der Fragmentierung. Ich möchte es an einem Beispiel deutlich machen: Stell dir vor, du wurdest in eine Familie hineingeboren, die nicht akzeptiert hat, dass du manchmal wütend warst. Jedes Mal, wenn du dich als Kind gegen die Willkür der Erwachsenen gewehrt hast oder aus einem anderen Grund wütend wurdest, hat dich deine Familie beschämt, bedroht, in die Isolation geschickt und als bösen Menschen bloßgestellt. In so einer Atmosphäre gibst du heute immer noch klein bei. Du duldest rein aus dem Überlebens- und Friedenswillen die Ignoranz der Autoritäten.

Dennoch bleibt aufgrund der Angst, ausgegrenzt oder bloßgestellt zu werden, und aufgrund der resultierenden Enttäuschung tief in dir ein Misstrauen und Missmut gegenüber Autoritäten bestehen. Diese Gefühle werden ins Unterbewusstsein verschoben, da sie dich sonst in Schwierigkeiten bringen können. Als erwachsener Mensch wirst du dir nicht im Klaren darüber sein, dass Autoritäten, wie z. B. Vorgesetzte oder Menschen in entscheidenden Positionen, in dir Angst und das Gefühl von Misstrauen und Missmut erwecken.

Du kannst dich nicht klar sehen, weil du diesen Anteil in dir, der aggressiv, wütend und misstrauisch ist, kategorisch ablehnst.

Wenn irgendwann ein Kollege oder Freund auf dich zukommt und dir sagt: »Hey du Liebe, du hast echt ein Problem mit deinem Chef. Du wirkst in seiner Gegenwart seltsam. Irgendwie gereizt und angespannt. Oft wirst du schon sauer, wenn er dich kritisiert oder korrigiert. Was ist los?«

Du wirst das als bloßen Unsinn abtun. Das hat nichts mit dir zu tun. Damit wirst du dich nicht identifizieren. Du siehst dich als jemanden, der immer bereit ist, sich an notwendige zwischenmenschliche Spielregeln zu halten, die von einer Autorität mit entsprechenden Befugnissen durchgesetzt werden müssen. Du siehst dich als jemanden, der in einem Umfeld von Autoritäten agil, kritisch, selbstbewusst und dabei entspannt ist.

Das ist leider weit von der Wirklichkeit entfernt. Nur weil du Anteile in dir ablehnst, heißt das nicht, dass sie verschwinden.

Sie sind zwar nicht mehr in deinem bewussten Orbit vorhanden, aber sie leben und sie handeln. Sie führen parallel zu deinem bewussten Ich ein Eigenleben.

Wenn wir gebeten werden, diese Anteile (die Angst und die Wut) zu erkennen und anzunehmen, werden sie die ursprüngliche Angst, abgelehnt, bedroht und beschämt zu werden, hervorrufen. Dies kann regelrechte Todesängste hervorbringen.

Deshalb ist Selbsterkenntnis kein leichtes Unterfangen. Vielleicht werfen diese Beispiele und die Erkenntnisse Licht auf das Problem, das du mit anderen hast. Manche Anteile lieben wir, andere können wir nicht ausstehen. In uns selbst wie auch in anderen. Diese Art Ablehnung und Widerwillen sich selbst und anderen gegenüber ist der Nährboden unserer Einsamkeit und Isolation. Selbstablehnung ist das Resultat von abgespaltenen inneren Anteilen. Sie ist die Geburtsstätte von Selbsthass und die Heimat der Einsamkeit.

Unser Schmerz möchte nur eines: Er möchte uns wieder ganz machen. Das Leben bietet uns viele Möglichkeiten, wieder ganz zu werden. Aber hierfür müssen wir unweigerlich alle inneren Anteile, die wir verneinen, wieder integrieren. Es ist eine schmerzhafte Arbeit, die sich jedoch lohnt.

Die große Trennung in uns selbst liegt zwischen dem Bewusstsein und dem Unterbewusstsein. Dazwischen gibt es multiple Fragmente. Für jeden Anteil in uns, der stark hervorgehoben ist, gibt es im Unterbewussten den genau gegenteiligen Anteil, der unterdrückt wird.

Warst du als Kind ungehorsam und hast deshalb oft Ablehnung oder Strafe auferlegt bekommen, fragmentierst du dich, damit diese verletzlichen Anteile tief in dir jenseits deiner bewussten Wahrnehmung beschützt werden.

Du schreibst ein neues Programm, das sich gegenüber Autoritäten loyal und unterwürfig zeigt. Das wird die Persönlichkeit sein, die du nach außen zeigst.

Die verletzliche Seite, die du versteckst, ist aber noch da. Sie ist vor deinem Bewusstsein versteckt. Deshalb kannst du ihren Bedürfnissen nicht nachkommen.

Die Energie, die degradiert ist und im Unterbewussten gefangen gehalten wird, wird sich unweigerlich auf manipulative, giftige und zerstörerische Weise zum Ausdruck bringen.

Ein Krieg in dir selbst findet statt. Es ist ein Ringen um Macht zwischen vielen Persönlichkeitsanteilen mit unterschiedlichen Absichten.

Dieser innere Kampf kann dich krank machen. Zum Schrecken der angenommenen, bevorzugten Persönlichkeitsanteile kann er dich dazu zwingen, in eine schwierige Position zu geraten. Dieses Phänomen sehen wir oft bei Politikern oder Priestern, die sich als Philanthropen hervorheben, während sie am Ende in einen schmutzigen Skandal verwickelt sind. Diese streitenden inneren Anteile sind nicht nur unterschiedlicher Ansicht, sie erleben die Welt auch unterschiedlich. Man kann behaupten, sie leben in Paralleluniversen und wissen nicht voneinander.

Wir kennen alle das Phänomen der multiplen Persönlichkeit. Es ist ein erschreckendes und zugleich faszinierendes Phänomen. In Wirklichkeit bestehen wir alle aus vielen Persönlichkeitsanteilen, wie z. B. dem »inneren Kind« oder dem »inneren Kritiker«. Wir erkennen sie nicht alle, weil sie, sollten sie sich deutlich zeigen, nicht wie klar zu erkennende, abgespaltene Anteile auftreten.

Sie zeigen sich eher als verwirrte, emotionale Entladungen, z. B. kann ein Anteil sich im betrunkenen Zustand als das plötzliche Gefühl zeigen, kündigen zu wollen, um ein eigenes Geschäft aufzubauen. Und das, obwohl du am Morgen des gleichen Tages noch von deinem Job und Arbeitsplatz geschwärmt hast und dich auf die wunderbaren Jahre, die im Job vor dir liegen, gefreut hast.

Oder es kann sich als plötzliche Eruption von heftiger Wut äußern, weil jemand etwas »Dummes« sagt. Kurz vorher hast du dich mit der gleichen Person wohl- und verbunden gefühlt.

Dieser Widerspruch wird für dich unsichtbar und für andere mehr als offensichtlich sein. Wenn du eine Aversion gegen etwas Bestimmtes in diesen Situationen hast, wirst du es nicht in dir selbst erkennen. Ressourcenfokussierte Therapieformen wie Ego-State-Therapie können hier eine große Unterstützung bieten. Das Ziel der Ego-State-Therapie ist es, harmonische Beziehungen zwischen den verschiedenen Anteilen herzustellen. Dies kann durch die Lösung von Konflikten und die Verbesserung der Kommunikation untereinander erreicht werden.

Unerträgliche Einsamkeit ist ein Hinweis darauf, dass es in dir einiges zu klären gibt. Sie ist der Konflikt zwischen deinen inneren Anteilen, die keine Kommunikation, keine Verbindung und keinen Zugang zueinander haben. Sie sind unharmonisch, weil sie aus unterschiedlichen Überzeugungen vollkommen unterschiedliche Realitäten erleben.

Die innere Arbeit, die du zuerst machen musst, ist, dir dieser Anteile bewusst zu werden. Es hilft, wenn du dir in deiner

Fantasie einen Ort vorstellst, an dem sie sich alle treffen und kennenlernen. Dieser Ort ist deinerseits eine Geste der Offenheit und eine Einladung, sie zu sehen, zu fühlen, zu verstehen und eine gemeinsame Realität zu teilen.

Sind deine inneren Anteile nicht mehr isoliert, versteckt und verleugnet, wenn sie durch eine Zusammenkunft in Verbindung miteinander kommen, wirst du im Außen keine Trennung und keine Einsamkeit mehr erleben.

Verlust der Verbundenheit

Lass uns jetzt auf einer tieferen Dimension verstehen, wie es zum Verlust der Verbundenheit und der Selbstliebe gekommen ist und was zum Verfestigen der Einsamkeit geführt hat.

Das, was zur Einsamkeit führt, ist, dass wir uns ständig selbst belügen. Wir lassen uns nicht auf uns ein. Wir haben Angst, uns selbst zu sehen und wahrhaft zu begegnen. Wir machen Therapien mit der Agenda, uns selbst loszuwerden, zu optimieren, zu reparieren – aber nicht, um unseren Wesenskern zu verstehen. Bist du daran interessiert, dich selbst zu lieben und deine Einsamkeit hinter dir zu lassen, kannst du kein Doppelleben mehr führen.

Alle Konzepte und Ideen, die von dir wegführen, dich ablenken und zerstreuen, musst du loslassen.

Selbst wenn du Erleuchtung suchst, gibt es keine Abkürzung. Es ist schmerzhaft. Man muss viele Illusionen und Konstrukte des Egos aufgeben. Das ist unangenehm. Aber wenn du Erleuchtung anstrebst, ist das der Weg. Das Gleiche gilt für die Einsamkeit.

Der Weg, der zu dir führt, ist die einzig wahre Liebesgeschichte. Gib nur die Illusion auf, dass ein Ritter in glänzender Rüstung, mit einem mächtigen Schwert in der Hand, dir den Weg zu dir ersparen kann.

Der Weg nach innen zeigt dir, dass es etwas in dir gibt, das niemals einsam war. Etwas, das immer in Liebe getränkt ist, mutig, wach, stolz und fröhlich – dein natürlicher, innerer, unzerstörbarer Diamant. Du wirst schon geliebt. So war es immer!

Natürlich glaubst du jetzt nicht daran und hast sicher gute Argumente.
Es ist trotzdem kein Märchen. Es ist echt und es ist gut so. Du bist hier, weil du geliebt wirst.
Der einzige Weg, das zu erkennen, ist, Zeit mit dir selbst zu verbringen. Bei dir zu sein, dich eng mit deiner Freude und deinem Schmerz zu verbinden. Dich selbst mit liebevollen und mitfühlenden Augen zu beobachten und dir deiner selbst bewusst zu sein. Völlig mit dir zu sein, bei deinem Atem zu sein, anstatt ein Ablenkungsprogramm zu veranstalten.
Indem du herausfindest, wer du bist und wie du tickst, wirst du natürlich auch entdecken, wer und was du nicht bist. Dabei entdeckst du, dass trotz allem Schmerz und Leid eine unzerstörbare und zeitlose Kraft in dir wohnt.

Bewusstseinsarbeit Nr. 12

Bewusstseinsarbeit
Nr. 13

Begegnung mit den Schatten

Wir Menschen sind lichtvolle Wesen. Wir haben aber auch dunkle Seiten. Die Aufgabe in der folgenden Übung besteht darin, diese Seiten zu erkennen und zu integrieren.

Der entscheidende Schritt besteht darin, uns selbst zuzugestehen, dass wir diese Seiten haben, und sie liebevoll anzunehmen. Ja, es ist schmerzhaft und ja, es ist beängstigend.

Die Praxis, diesen inneren Dämonen deine Beachtung zu schenken, ist ein Weg, ihnen das zu geben, was sie so lange vermisst haben. Sie zu bekämpfen, funktioniert nicht, weil wir in Wirklichkeit nur uns selbst bekämpfen und zerstören.

Oft verstecken sich in unseren Schatten immense Geschenke, verborgene Talente, Kraft und die nötige Energie, die wir für unser Wachstum brauchen.

Vorher ist es für dich sehr wichtig, diese Anteile in dir zu bejahen, zu verstehen und liebevoll anzunehmen. Das Annehmen heilt dich und bringt das nötige Licht in die Finsternis.

Die Übung

Lies die folgende Liste durch und schau, ob einer oder mehrere dieser inneren Dämonen dir bekannt vorkommen. Die Liste ist nicht vollständig. Du kannst sie nach Belieben ergänzen:

- Der Einsamkeits-Dämon
- Der Trauer-Dämon
- Der Wut-Dämon
- Der Eifersuchts-Dämon
- Der Angst-Dämon
- Der Selbsthass-Dämon
- Der Selbstzweifel-Dämon
- Der Essstörungs-Dämon
- Der Sucht-Dämon
- Der Depressions-Dämon
- Der Selbstzerstörungs-Dämon

- ♥ Der Soziale-Phobie-Dämon
- ♥ Der Familien-Trauma-Dämon

Sind dir einige dieser Schattenseiten bekannt? Es ist unvermeidlich, dass du gerade mit einem oder mehreren dieser Schatten beschäftigt bist. Uns geht es allen so. Unsere Schatten erzeugen Schwierigkeiten im Alltag und sabotieren unsere Zukunftspläne. Anstatt mit ihnen in den Ring zu steigen, kannst du ihnen das geben, was sie wirklich brauchen.

Die buddhistische Lehrerin Tsültrim Allione hat eine für Frauen entwickelte tibetische Methode aus dem 11. Jahrhundert wiederentdeckt, um mit den eigenen Schatten in Kontakt zu treten. Ich habe die Methode verändert und in einer abgeschwächten Form für dich hier zusammengefasst. Sie lautet wie folgt:

1. Visualisiere den Schatten, der dir im Moment die meisten Probleme macht. Gib ihm ein Gesicht, einen Körper, eine Farbe, eine Temperatur und eine Struktur. Wie fühlt er sich an? Wo in deinem Körper befindet er sich? Was passiert mit ihm, wenn du ihm direkt in die Augen schaust?
2. Lass ihn direkt vor dir Platz nehmen. Frag ihn, was er von dir will. Hör genau zu, was er dir zu sagen hat.
3. Frag ihn, was er von dir braucht.
4. Frag ihn, wie er sich fühlen würde, wenn er das bekäme, was er von dir braucht.
5. Stell dir jetzt vor, dass du in einem Kelch einen Nektar entstehen lässt, der die Bedürfnisse des Schattens stillt. Der Nektar kann aus Akzeptanz, Liebe, Geborgenheit oder aus was auch immer dein Schatten braucht bestehen. Gib ihm den Nektar so lange, bis er zufrieden ist.
6. Oft entsteht ein neues Wesen anstelle des Schattens, sobald er satt ist. Dieses Wesen ist dein neuer Verbündeter. Wenn ein Verbündeter entsteht, kannst du ihn fragen, wie er dir

helfen kann und wie du Zugang zu seiner Unterstützung im Alltag erlangst.
7. Mach diese Übung regelmäßig und versuch, einen Dialog mit deinen Schatten zu kultivieren. Hör, was sie dir zu sagen haben. Beschreibe diese Sitzungen in deinem Tagebuch, um deine Fortschritte zu dokumentieren.

Das Verbundensein

Um das Gefühl des Verbundenseins zu verstehen, musst du weit in der Zeit zurückgehen. Zurück in eine Zeit, bevor es die Existenz an sich gab.

Willst du es mal ausprobieren?

Stell dir in diesem Moment ein göttliches Bewusstsein vor. Es ist ein Einheitsbewusstsein. Stell dir vor, dass dieses Einheitsbewusstsein alles ist, was existiert. Es ist alles, was es gibt. Um dir die Vorstellung zu erleichtern, hilft es, dieses Einheitsbewusstsein mit allen Sinnen zu fühlen, anstatt es dir nur im Kopf auszumalen.
Versuche, es dir jetzt vorzustellen und zu fühlen. Diese Vorstellung ist nicht für jeden leicht zugänglich. Unser Gehirn hat nämlich Grenzen, wenn es darum geht, sich ein Einheitsbewusstsein vorzustellen. Es ist uns antrainiert, dualistisch zu denken. Durch das dualistische Denken lernen wir, das eine vom anderen zu trennen, damit wir Dinge voneinander unterscheiden und in richtig und falsch einteilen können.
Wir stellen uns gern das Einheitsbewusstsein als ein einzelnes Ding im Raum vor. Ein einzelnes Ding ist aber etwas von dir Getrenntes. Auch wenn es nur von Luft oder leerem Raum umgeben ist. Für diese besondere Vorstellung hilft es, alle deine Sinne zu aktivieren.

Wir versuchen es noch mal.

Stell dir ein klares, strahlendes Bewusstsein vor, das denken und wahrnehmen kann. Es ist ein Bewusstsein, das alles durchdringt, selbst die Luft und den leeren Raum. Es durchdringt auch dich.

Dieses alles durchdringende Bewusstsein besteht aus winzigen feinen Partikeln. Jeder dieser Partikel ist Leben und Bewegung. Dieses Bewusstsein ist dein Vorhang, der Wald, die Musik, die Nachbarn, deine Gefühle, dein Haustier und dein Smartphone. Es ist auch du selbst, dein Körper und deine Fantasie. Alles ist ein Ausdruck dieses Bewusstseins. Es gibt nichts, was dieses Bewusstsein nicht ist.

Halte dir das jetzt für eine Minute vor Augen. Das ist der Ausdruck von Einheitsbewusstsein. Das bedeutet, dass auch du ein Gedanke bist. Ein Gedanke, der Gedanken hat. Nun stell dir vor, dass dieses Bewusstsein sich die Frage stellt: »Wer bin ich?« Diese Frage ist die Quelle der Trennung. Es ist das Gegenteil vom Einssein. Nur diese einzelne Frage spaltet die ursprüngliche Verbundenheit.

Aus dieser Frage nach einem Ich entstand der scheinbar ewige Schmerz der Einsamkeit. Das ist der Ursprung des Vergessens, dass du Teil von etwas Großem bist. In diesem verhängnisvollen Vergessen fängt das Fragmentieren an. Hier fängt die viel besprochene Illusion von Trennung an.

Die neue Perspektive

Die neue Perspektive ist, dass der Ursprung deiner Einsamkeit, der Grund, warum du allein bist, sehr viel weiter zurückreicht als angenommen. Deine Einsamkeit liegt nicht darin begründet, dass dir im Moment ein perfekter Partner fehlt. Sie kommt auch nicht daher, dass deine Eltern einiges falsch gemacht haben. Dein Gefühl von Einsamkeit liegt am Verlust deiner Ganzheit.

Du bist nicht getrennt von irgendetwas und irgendjemandem. Du bist ein Partikel des Ganzen. Alles, was du brauchst, ist bereits in dir vorhanden. Dein Schmerz entsteht allein aus dem Gedanken, getrennt zu sein, sowie dem Vergessen der bereits vorhandenen Verbindung. Dein Schmerz kommt daher, dass du dich fragmentiert hast und dich mit dem Getrenntsein fanatisch identifizierst. Ich bin hier und du bist da. Das ist meins und das ist deins. So denkst du – zu deinem Leidwesen. Die Trennung, die du im Außen siehst, ist in Wirklichkeit deine innere Abkehr vom Ursprung.

Die Wahrheit, die du begreifen möchtest, ist, dass alles, was scheinbar außerhalb von dir existiert, lediglich ein Ausdruck von dir ist.

Wenn du dir an einem sonnigen Tag eine schöne Landschaft ansiehst, siehst du dich selbst? Ja! Du siehst das Selbst, das du bist. Alles, was deine Augen wahrnehmen, ist das höchste Wesen. Alles ist eine Reflexion der Gegenwart des Selbst. Das ist das, was du bist.

Wir haben das Konzept, dass wir unser Körper sind, verinnerlicht und uns in diese Kiste, die in einer Ecke des Raums steht, eingeschlossen. Das, glauben wir, sei die Realität. Wenn du diesen Gedanken beiseiteschiebst und deinen Kopf aus der Kiste streckst, erkennst du, dass es einen Raum gibt, in dem die Kiste liegt, und einen weiteren Raum, der den Raum umgibt – das geht unendlich so weiter.

Die Bäume, das Meer, der Himmel, die Sterne – das gesamte Universum ist dein Körper und dein Geist. Es ist alles die Manifestation deines Selbst. Mit dem Körper und den Gedanken identifiziert zu sein, ist nur ein Konstrukt. In diesem Konstrukt siehst du deinen Körper und deine Gedanken in einem Gefäß, das du die Welt nennst. Und diese Welt ist wiederum vom unendlichen Raum umgeben. Das ist eine Illusion.

Versuche, es auch so zu sehen: Die Welt kann nur existieren, wenn du auf einem bestimmten Standpunkt stehst. Die Betonung liegt bei diesem Wort auf Punkt. Der Punkt ist ein einzelner Ort, der sich von allem anderen unterscheidet. Du hast deine Perspektive eingeschränkt, um von einem einzelnen Standpunkt aus sehen und erleben zu können. Von diesem eingeschränkten Standpunkt aus blickst du auf die Welt und alles, was du wahrnimmst.

Die Frage ist, was nimmt dieser Standpunkt wahr? Er nimmt dich wahr. Du siehst dich selbst. Du siehst nur dich selbst. Das ist alles, was es gibt. Die Vorstellung vom anderen ist nur ein Konzept.

Glaubst du weiterhin, dass du deine Gedanken bist, wirst du unweigerlich kämpfen und leiden müssen. Lässt du diese Identifikationen los, wird das Schicksal deiner Gedanken nicht mehr dein Schicksal sein. Wie alles andere kommen Gedanken und Gefühle und sie gehen irgendwann auch wieder.

Folgende Frage hat die Kraft, dich von jeglicher Identifikation zu befreien: Was hast du gedacht, bevor deine Eltern auf die Welt kamen? Die Bilder, die diese Frage auslöst, sind deine ursprüngliche Identität. In einem unendlichen Bezugspunkt kann nichts Getrenntes existieren.

Als du in tiefer, inniger Verbindung auf diese Welt kamst, gab es für dich keine getrennte Existenz. In dem Moment, als deine Mutter dich gegen ihre Brust drückte, hast du den süßen Nektar der Verbundenheit und überirdische, sinnliche Wärme erlebt. So gehalten und genährt, war deine Mutter ein Teil von dir. Genauso wie du jetzt deine Augen, deine Hände und deine Lungen als Teile von dir erlebst.

Auch wenn du, wie die meisten Menschen, keine optimalen Bedingungen vorgefunden hast, so hast du doch im Schutz des Mutterleibes diese Verbundenheit erfahren dürfen.

In diesem ursprünglichen Zustand des Einsseins mit der Welt bist du in deiner wahren Natur. Der Zustand von Einssein ist die Natur deines wahren Wesens. Es gibt in diesem ursprünglichen Zustand keinen Grund, deine Existenz zu hinterfragen. Es gibt keinen Grund, nach dir selbst oder nach einem anderen zu suchen, weil du nicht zwischen dir und anderen unterscheidest.

In dieser Verbundenheit existiert keine Angst, etwas nicht zu sein oder nicht zu haben. Und jedes Tun ist in diesem Zustand einfach ein Ausdruck des Seins.

Es gibt einen Weg zurück zu dieser Innigkeit und tiefen Verbundenheit.

Der Weg beginnt damit, herauszufinden, was genau das Glück ist.

Das Vergnügen, die Freude und das Glück

Was ist der Unterschied zwischen dem Vergnügen, der Freude und dem Glück?

Diese Worte werden häufig als Synonyme verwendet. Sie sind aber in ihrer Bedeutung und bezüglich des Empfindens verschieden.

In der heutigen Welt, wo viele von Ängsten und Unsicherheiten überwältigt sind und wir nicht mehr wissen, woran wir glauben sollen, scheint es, dass die meisten Menschen mehr und mehr nach kurzweiligem Vergnügen suchen und denken, dadurch würden sie glücklich werden. Das liegt daran, dass viele das Vergnügen, die Freude und das Glück miteinander gleichsetzen.

Das *Vergnügen* an sich hat etwas Physisches und Elektrisches. Es hat mehr mit unseren körperlichen, neurologischen Verdrahtungen zu tun. Alle Menschen und alle anderen Säugetiere sind darauf programmiert, nach Vergnügen zu suchen. Wer mit Hunden lebt, weiß, dass sie nie genug von Spielen, Streicheln und Leckerlis bekommen. Je mehr du ihnen davon gibst, desto mehr wollen sie haben.

Die Sucht ist der Versuch, das Vergnügen beizubehalten, indem man nach immer mehr des Begehrten verlangt.

Um das Vergnügungsprinzip zufriedenzustellen, braucht es heute keinen großen Aufwand mehr. Du setzt dich einfach an deinen Computer und kannst schnell alles bestellen, was deinem Vergnügen dienlich ist.

Die meisten Menschen sind diesem Prinzip erlegen, weil das Vergnügen vorübergehend helfen kann, die innere Leere und den emotionalen Schmerz, den das Leben mit sich bringt, abzumildern. Das ist ein Problem, weil das Vergnügen nicht nachhaltig und damit ein Fass ohne Boden ist. Die Vergnügungssucht verhindert dein Wachstum und deine Entwicklung, weil sie eine Falle ist, die uns lange in einem Kreislauf gefangen halten kann. Das Vergnügen ist nicht nachhaltig, weil wir ständig den Punkt unserer Aufmerksamkeit verändern und nie im Jetzt bleiben können.

Die *Freude* dagegen ist die Ekstase des gegenwärtigen Momentes, die z. B. aufkommt, wenn man ein Kind beim Spielen beobachtet, den Sonnenuntergang betrachtet oder einen Freund umarmt. Diese Aktivitäten sind total auf den gegenwärtigen Moment fokussiert. Freude ist, im Jetzt zu sein. Sie ist die Fähigkeit, diese Gegenwart völlig zu genießen. Leider ist die Freude flüchtig, weil wir unseren Geist nicht darauf trainieren, im Jetzt zu sein. Wir lassen uns leicht vom Jetzt ablenken, um in alten Erinnerungen zu schwelgen, die uns wütend machen oder beschämen. Oder wir fantasieren über unsere zukünftigen Möglichkeiten, was uns oft ängstlich und ratlos macht. Wir berauben uns ständig des jetzigen Momentes und des Zugangs zur Freude.

Was ist dann das Glück? *Glück* bedeutet hingegen, mit deiner Bestimmung verbunden zu sein. Es ist das Gefühl, dir der Sinnhaftigkeit deines Lebens bewusst zu sein und zu erkennen, warum du hier bist.

Das ist der Unterschied zwischen Vergnügen, Freude und Glück. Wenn du mit deiner Bestimmung im Einklang bist, wirst du kompromisslos glücklich sein, egal ob du die Schmerzen der Einsamkeit erleidest oder eine schwierige Zeit durchmachst.

Die Hindus haben eine interessante Sicht auf dieses Thema. In der mündlich überlieferten heiligen Lehre des Hinduismus, auch als die Veden bekannt, wird behauptet, dass es auf dem Weg der Seele zur Erleuchtung vier Staffeln der Reinkarnation gibt, auch die vier Purusharthas genannt.

Die erste Staffel hat etwas mit dem Vergnügungsprinzip zu tun. Die Hindus befürworten das Vergnügen, solange es kontrolliert und bewusst erlebt wird und nicht das Leben dominiert. Es gibt nichts an Schokolade oder gutem Wein auszusetzen. Wenn es um Sex geht, haben die Hindus sogar das Kamasutra als Lehre für alle Laien bereitgestellt.

Die Hindus gehen davon aus, dass sich das Wesen nach einigen Reinkarnationen, die dem Vergnügen gewidmet sind, auf natürliche Weise in die zweite Staffel begibt. Diese ist auf Macht, Privileg und Prestige ausgelegt. Darin befinden sich Menschen, die wir als Psychopathen und Narzissten bezeichnen. Sie sind vom Machtrausch und von Kontrolle besessen. Wo das Prinzip des Vergnügens dem Wesen selbst und seinem engeren Umfeld Schwierigkeiten machen kann, erzeugt das Machtprinzip globale Herausforderungen. Menschen, die eine hohe Stufe der Macht erreichen, versuchen auf pathologische Weise, die Ressourcen und ihre Mitmenschen zu kontrollieren. Nach einigen Reinkarnationen in dieser zweiten Staffel kommt die Seele zu der Erkenntnis, dass Macht an sich nichts Verwerfliches ist, solange es nicht darum geht, andere zu dominieren und auszubeuten.

Wenn Macht der Selbstbehauptung, Stärkung und Handlungsfähigkeit anderer dient, ist sie für die Gesellschaft wertvoll. In der zweiten Staffel bleibt die Seele so lange, bis sie erkennt, dass es über Macht, Privileg und Prestige hinaus noch etwas Besseres gibt. Und das ist, sich in den Dienst der anderen zu stellen.

Hier geht es um die Erkenntnis, dass wir alle Teile desselben Ganzen sind. Wir sollten daher aufeinander achten, uns gegenseitig unterstützen und inspirieren. Hier werden u. a. große Seelen wie Gandhi, Mozart, Jesus oder Mandela wiedergeboren. Menschen, die andere dabei unterstützen, ein würdiges, inspiriertes und glückliches Leben zu führen. Das ist die dritte Staffel der Reinkarnation. Aber auch diese Staffel ist eine Illusion, weil sie auf dem Grundsatz aufbaut, dass es Trennung gibt. Dass wir nur Mitgefühl für andere zeigen können, wenn wir glauben, dass sie von uns getrennt sind.

Das Finale der Reinkarnation, die vierte Staffel, ist das sogenannte Moksha. Moksha ist die vollkommene Befreiung von der Erfahrung, dass wir getrennt von Liebe, von anderen Wesen und von der Natur sind.

Für mich bedeuten die genannten Zyklen, dass wir die Früchte jeder unserer Erfahrungen und all unserer Beziehungen für unsere spirituelle Entwicklung nutzen können. Ich glaube zutiefst daran, dass nur Liebe existiert. Der Sinn des Lebens ist, das Lieben zu lernen. Zu lieben ist der ultimative Ausdruck von Einssein oder Verbundenheit. Unsere Bestimmung ist, diese Liebe in welcher Form auch immer auszudrücken und zu teilen. Das Sich-Abkapseln, um scheinbar für sich allein zu existieren, sorgt für das Leiden und die Unzufriedenheit. In dem Augenblick, in dem uns bewusst wird, dass wir mit der Gesamtheit verbunden sind, entsteht Leichtigkeit. Damit ist ein Austritt aus der Einsamkeit möglich.

Bewusstseinsarbeit
Nr. 14

Wie du das Einssein im Alltag üben kannst

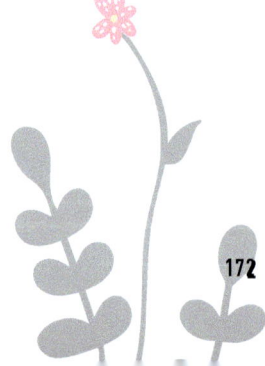

Eine Möglichkeit, dich unangestrengt der Praxis des Einsseins zu öffnen, besteht darin, dir zu überlegen, wie du deinem Umfeld Liebe und Wertschätzung entgegenbringen kannst. Du kannst dir z. B. Zeit nehmen, um darüber nachzudenken, wie wichtig die Pflanzen in deiner Umgebung sind, denen du vielleicht kaum deine aufrichtige Beachtung schenkst. Ihrer Existenz hast du es zu verdanken, dass du täglich saubere Luft zum Atmen hast, Holz zum Wärmen, ein Dach über dem Kopf, deine Nahrung und deine sämtlichen Möbel.

Nimm dir die Zeit, über die Menschen, Materialien und Ressourcen nachzudenken, die daran beteiligt sind, dass du sauberes Trinkwasser und Brot auf dem Tisch hast.

Überleg dir, wie du durch deine Einzigartigkeit, durch deine Worte, deine Anwesenheit und dein Handeln anderen Wesen ein freudvolles und inspiriertes Leben ermöglichen kannst. Die Möglichkeiten, das Einssein zu erlauben, sind unbegrenzt. Gib dir so oft es geht einen Moment Zeit, um die endlosen Verbindungen zu sehen, die in jeder Erfahrung und jeder Handlung, die du tagtäglich vollziehst, bestehen.

Wenn du auf diese simple Art und Weise das Einssein übst, kann dies zu größeren Einsichten und Erkenntnissen führen. Es kann zur Wertschätzung des gegenwärtigen Augenblicks und schließlich zur Glückseligkeit führen, wenn dir klar wird, was alles erforderlich ist, damit dieser Augenblick entstehen kann.

Du kannst deine Vergangenheit verändern

In jedem bewussten Moment deines Lebens spürst du, dass du dich veränderst. Du merkst im Alltag und jeden Morgen, wenn du vor dem Spiegel stehst, dass du nicht mehr die Frau bist, die du vor Jahren oder noch erst letzte Woche warst.

Trotz dieser Veränderungen, denen wir alle unterworfen sind, verstehen wir uns dennoch als statische Wesen, indem wir Dinge sagen wie: »Ich bin nun mal so, wie ich bin.«

Wir erzählen ständig die gleichen Geschichten. Wie doof unsere Eltern waren und wie viel Schuld sie an unserem Unglück tragen. Dass wir gehänselt wurden oder einen Unfall hatten und deshalb gewisse Dinge niemals mehr tun können. Dass unsere Unsicherheit von einem Ex stammt, der uns fremdgegangen ist oder nicht geachtet hat, und viele weitere selbstentmachtende Geschichten.

Die Wahrheit ist, dass du nicht nun mal so bist, wie du bist. Das Einzige, was statisch und unflexibel ist, sind die Geschichten, die du über dich erzählst.

Warum du kein dauerhaftes Glück erlebst, liegt an deinem Fokus. Dein Fokus ist auf alte Geschichten gerichtet, mit denen du dich identifizierst, indem du sagst: »... – und deshalb bin ich so, wie ich bin.«

Du glaubst also, du seist deine Geschichte. Vor allem glaubst du, du seist der unbequeme und traumatisierte Teil deiner Geschichte.

Du bist alles andere als statisch! Bringst du die immense Fähigkeit deines Bewusstseins ins Spiel, kannst du dein Leben dramatisch verändern. Definierst du dich aber lieber über deine Vergangenheit und alte Geschichten, bleibst du in einer sehr schwachen Position, weil du deine Energie ständig an die Vergangenheit verschwendest.

In diesem Kapitel möchte ich dir beibringen, wie du deine Kraft zurückgewinnen kannst. Ich möchte dir zeigen, wie du deine Vergangenheit verändern kannst, um die Ressourcen zu akkumulieren, die dein jetziges und zukünftiges Ich brauchen.

Eine solche Veränderung der Vergangenheit mit all ihren positiven Auswirkungen hat meine Klientin Monika (34 Jahre alt) erlebt:

Als Monika zu mir kam, war sie vollkommen von ihren Liebesverhältnissen mit Männern desillusioniert. Monika war nach einer dramatischen Scheidung seit sechs Jahren Single. Sie hat danach nur oberflächliche, belastende und enttäuschende Affären erlebt. Ihr Ex-Mann hatte sie jahrelang betrogen. Die Männer danach hat sie als respektlos und unehrlich empfunden. Das war ihr Beziehungsmythos. Monika war ohne Zweifel davon überzeugt, dass man Männern nicht vertrauen kann, weil sie, wo sie nur können, lügen und betrügen.

Der Glaube daran, dass alle Männer Lügner und Betrüger seien, saß tief in Monikas Bewusstsein und war fest in ihrer Wahrnehmung der Wirklichkeit verwurzelt. Sie konnte unaufhörlich und in wütender Überzeugung leidenschaftlich darüber referieren.

Ihre beste Freundin hatte sie schließlich eines Tages freundlich darauf hingewiesen, dass sie endlich etwas ändern solle. Ihr Freundeskreis war nicht mehr bereit, sich diese ewige Litanei anzuhören.

In den ersten zwei Sitzungen musste ich Monikas Redeschwall häufig unterbrechen, um sie daran zu erinnern, Luft zu holen. Bei der Frage, wer sie ohne diese Geschichte wäre, wurde Monika zum ersten Mal stumm. Ich wiederholte die Frage: »Monika, wer wärst du ohne deine Geschichte?« Sie sah mich lange an und sagte schließlich: »Ich weiß es nicht. Vermutlich wäre ich einfach entspannt und hätte mehr Frieden. Aber ich weiß nicht, wie das ist, anders zu denken. Ich frage mich manchmal, wie andere Frauen es schaffen, die Welt nicht so zu sehen. Keine Ahnung, wie das geht.« Sie zuckte schamhaft mit den Schultern, schaute nach unten zu ihren spielenden Fingern. Tränen liefen ihr über die Wangen. Monika spürte in diesem Moment, dass die Art, wie sie über Männer zu denken gelernt hatte, nicht alternativlos war. Ihre Haltung Männern gegenüber war wie ein altbekannter Käfig, den sie nie verlassen hatte. Das Interessante an dieser Art Käfig ist, dass die Tür immer offen steht.

Weiter fragte ich Monika, ob sie sich daran erinnern könne, wo sie einem gütigen und ehrlichen Mann begegnet sei. Sie konnte zu meinem Erstaunen keine einzige positive Begegnung abrufen.

Monika war ein Einzelkind. Sie lebte mit ihren beiden Eltern in einem ländlichen Gebiet, in dem sie ihre Kindheit überwiegend mit ihrer Mutter und ihren Pferden verbrachte. Monikas Mutter litt schrecklich unter der Untreue und Trinksucht ihres cholerischen Mannes. Es gab selten einen Abend ohne Streit.

Zur kleinen Monika sagte die Mutter oft: »Männern kann man nicht vertrauen. Merk dir das, mein Schatz. Sie sind alle Schweine, die nur an sich selbst denken. Vertrau nie einem Mann, er wird dich nur enttäuschen. Wir Frauen sind einfach das bessere Geschlecht.« Das war der Ton, der die beiden Frauen bis zum Tod der Mutter zusammenschweißte. Mit genau diesem Ton gestaltete Monika später ihr Leben und ihre Beziehungen.

Sie wurde erst wach, als ihre beste Freundin ihr einen Spiegel vorhielt. Sie entschied sich für eine psychologische Beratung, weil sie verstehen wollte, warum es ihr schwerfiel, in Beziehungen glücklich zu sein. Etwas in ihr hatte also verstanden, dass sie selbst die Quelle ihres Unglücks sein könnte.

Eines wurde in den ersten zwei Sitzungen für Monika deutlich, und zwar, dass in ihrem Inneren erst eine tiefe Veränderung stattfinden kann, wenn sie ihre Glaubenssätze überschreibt und mit neuen stärkenden Überzeugungen ersetzt. Monika sollte in diesem Stadium ihrer Transformation lernen, einem Mann zuzutrauen, wohlwollend und ehrlich zu sein.

Genau mit dieser Arbeit haben wir unsere dritte Sitzung begonnen. Wir haben Monikas Erfahrungen in der Vergangenheit verändert und mit einer neuen Geschichte ersetzt.

Diese Form der Arbeit nennt sich »Revision«. Eine Revision funktioniert deshalb, weil es deinem Bewusstsein egal ist, ob etwas real passiert ist oder ob es nur in deiner Fantasie geschieht. Wenn das Vorgestellte stark genug ist, wird es als neue Erfahrung gespeichert. Die neue Erfahrung verändert deine Haltung und gibt deinem Leben eine neue Form.

Monika wurde in dieser Sitzung durch sanfte Hypnose in eine innere Reise versetzt. Sie visualisierte ihre Mutter und ihren Vater als ein verliebtes Ehepaar. So wie in den romantischen Filmen, die sie so liebte. Sie sollte sich das genau so wie in ihrem Lieblingsfilm (»Message in a Bottle«) vorstellen. Sie visualisierte das glücklich strahlende Elternpaar. Sie sah sich selbst als gut behütetes, geliebtes Kind, das sowohl Mutter als auch Vater unendlich liebt und vertraut. Sie schmückte ihre neue Geschichte mit Erinnerungen an schöne gemeinsame Reisen, besinnliche Feiertage und einen harmonischen Alltag aus.

Diese Übung habe ich Monika als Hausaufgabe verschrieben. Sie sollte sich auf die zuvor genannte Weise an ihre Vergangenheit erinnern und die Emotionen, die damit verbunden waren, beobachten – und vor allem diese positiven Gefühle genießen.

Es war recht erstaunlich für mich, was Monika nach gerade mal vier Wochen zu berichten hatte: Je mehr Monika ihre Mutter als glückliche und zufriedene Ehefrau visualisierte, je mehr sie sich an ihren Vater als zuverlässigen und liebevollen Mann erinnerte, desto mehr wuchs in ihr das Gefühl von Frieden und Freiheit. Es war so, als fielen die Anspannung und der Druck, ihre Mutter beschützen zu müssen, von ihr ab.

»Es ist echt eine krasse Erfahrung, diese neuen Erinnerungen zu haben«, berichtete Monika. »Das verändert meine Energie und es verändert, wie ich Typen begegne. Wirklich! Bisher war es so, dass jedes Mal, wenn ich einen Mann gesehen habe, der mir gefiel, die Platte sofort losging. ‚Der ist doch eh ein Womanizer und Fremdgeher. Besser die Finger davonlassen.' Die alte Leier halt. Und jetzt haben sich meine Gedanken verändert. Ich habe das Gefühl, dass ich immer weniger in diesem Programm bin. Ich merke es bewusst, wenn ich mir diese negativen Geschichten erzähle. Das ist neu für mich. Früher habe ich meine Gedanken geglaubt. Jetzt kann ich sie beobachten. Ich habe jetzt die Wahl, daran zu glauben oder die Gedanken gehen zu lassen. Ich merke auch, wie ich mich bei Menschen fühle. Ich finde das Gefühl, geliebt und angenommen zu werden, total schön. Ich führe ganz andere Gespräche als früher und ziehe auch ganz andere Menschen an. Wirklich krass!«

Ein Jahr nachdem Monika bei mir war, schrieb sie mir, dass sie frisch verliebt sei und dass sie nie gewusst habe, wie schön eine Beziehung sein kann, weil sie sich früher nicht erlaubt hatte, geliebt zu werden.

Dank der Revision konnte Monika ihre Vergangenheit verändern, um ihre Gegenwart positiv zu beeinflussen – was wiederum eine positive Zukunft mit sich gebracht hat.

Wir Menschen sind nun mal Gewohnheitstiere. Wir können aber auch Erstaunliches erreichen, wenn wir die Kraft unseres Bewusstseins nutzen, um neues und unbekanntes Terrain zu erforschen. Je öfter wir etwas Neues tun oder denken, umso mehr wird das Neue zu unserer zweiten Haut, zu unserer neuen Realität.

Wir haben immer die Kapazität, eine andere Wahl zu treffen. Es braucht aber Achtsamkeit. Es braucht unsere ganze Energie und unsere Hingabe. Veränderung braucht eine starke Absicht. Es hilft natürlich, wenn der Leidensdruck sein Limit erreicht hat.

Du kannst dich während jeder deiner alltäglichen Erfahrungen fragen: Steht das in Übereinstimmung mit der Frau, die ich jetzt sein möchte?

Du bist jetzt hier, weil du bereit bist, eine fundamentale Veränderung durchzumachen. Glaub daran, dass dies für dich eine reale Möglichkeit ist. Alles kann verändert werden, ganz egal wie lange es in der Vergangenheit ein Teil von dir war.

Du hast in der Vergangenheit oft genug Schweres und Herausforderndes gemeistert, um deine Ziele zu erreichen. Also kannst du es auch jederzeit wieder tun.

Du kannst deine Vergangenheit verändern

Bewusstseinsarbeit Nr. 15

Verändere deine Vergangenheit

Jetzt bist du dran. Spiel ab heute im Land der Grenzenlosigkeit. Folgende Anhaltspunkte werden dich dabei unterstützen, deine Vergangenheit zu verändern.

1. Merk dir, wie du dich in jedem Moment fühlen willst.
2. Aktiviere alle deine Sinne dafür.
3. Glaub daran, dass es funktioniert.
4. Schließ deine Augen.
5. Fokussiere dein drittes Auge. Das liegt zwischen deinen Augenbrauen. Es ist dein Portal zu anderen Dimensionen und Zeitlinien.
6. Geh in den Moment aus der Vergangenheit, den du verändern willst.
7. Fühle jede Emotion, die du damals hattest.
8. Reaktiviere alle deine Sinne und nimm mit ihnen die Situation von damals wahr.
9. Korrigiere das, was du korrigieren willst, indem du die Geschichte so veränderst, dass sie einen positiven Ausgang findet.
10. Bleib für eine Weile in dieser neuen Erinnerung.
11. Erinnere dich sooft es geht an diese neue Geschichte.

Dein Avatar – Erfinde dich neu

In dieser Lektion möchte ich dir beibringen, dich neu zu erfinden. Dieses neue Ich nennen wir deinen »Avatar«. Ein Avatar ist ein Repräsentant und Träger der Attribute, die du zukünftig verkörpern möchtest.

Im tibetischen Buddhismus wird die Verkörperung eines ausgewählten Avatars (Buddhas) mit seinen spezifischen Attributen als der schnellste Weg angesehen, diese Qualitäten in sich selbst zu manifestieren.

Dein Ziel wird es sein, mithilfe eines Avatars eine oder mehrere neue, stärkende Qualitäten auszusuchen, zu gestalten, zu verkörpern und schließlich in deinen Alltag zu integrieren. Die Verkörperung eines Avatars wird dich auf deinem weiteren Weg dabei unterstützen, mit verwirrenden und sich widersprechenden inneren Stimmen und Meinungen über dich und deine Fähigkeiten aufzuräumen.

Dein Avatar soll Qualitäten in sich tragen, die du nicht unbedingt mit dir selbst in Verbindung bringst. Diese Qualitäten sind das Mindeste, was du brauchst, um deine innere Veränderung langfristig zu gewährleisten.

Schlussendlich liegt es an dir, ob du dich weiterhin unbewusst mit Attributen identifizieren willst, die dich nicht weiterbringen, sondern nur dafür sorgen, dass sich deine negativen Erfahrungen ständig wiederholen.

Um neue positive Attribute zu deiner Persönlichkeit hinzuzufügen, verwenden wir das Nicht-Ich-Konzept: Das Nicht-Ich-Konzept beschreibt Attribute, die du bis jetzt noch nicht entwickelt hast, die dir aber helfen werden, deine Einsamkeit zu überwinden und das Glück zu finden. Manchmal fehlt uns etwas Mut, Achtsamkeit oder Selbstwert, um unser Leben in die gewünschte Richtung zu verändern.

Um das Konzept für dein Wachstum und deine Veränderung zu nutzen, ist es nötig, Dinge zu tun und Gedanken zu hegen, die Nicht-Ich sind. Auf diese Art wird sich deine Ausdrucksweise und deine Persönlichkeit ausweiten. Du entwickelst neue Fähigkeiten sowie ein tieferes Verständnis für dein wahres, unermessliches Wesen.

Letztendlich sind wir nicht der Mensch, der wir glauben zu sein. Du bist viel mehr als das, was du gern von dir glauben willst.

Lass den Glauben daran los, dass du nur auf eine bestimmte Weise auf die Welt blicken und sein kannst. Aussagen wie »Das ist das, was ich bin« oder »Das bin ich nicht« gehören ab sofort der Vergangenheit an! Aussagen wie »Das kann ich auch sein« sollen dich ab jetzt begleiten.

Dein neuer Avatar wird der Nordstern sein, der deine Reise zu deinem Glück begleitet.
Egal wie verkorkst deine Kindheit war. Egal wie mies deine vergangenen Beziehungen waren. Egal wie grausam die Einsamkeit jetzt für dich sein mag. Du bist dazu in der Lage, etwas Außergewöhnliches aus dir zu machen. Du kannst das, was dein Leben dir jetzt als Erfahrung bietet, als Anreiz für etwas Großartiges nutzen.

Dieses Buch war bis hierhin dein Leitfaden, um deine einengenden Glaubenssätze über deinen derzeitigen Zustand zu bereinigen.
Jetzt übst du, alles, was jenseits deiner festgefahrenen Konzepte liegt, zuzulassen. Gib dein Bestes, um Möglichkeiten, die jenseits deiner Vorstellungskraft liegen, Raum zu geben. Das Ergebnis wird dir erlauben, Verbindungen einzugehen, die dich auf einer bisher unbekannten Ebene nähren und zutiefst erfüllen.
Solange du glaubst, einsam und ungeliebt zu sein, solange du überzeugt bist, nichts dagegen tun zu können, weil es dir an entsprechender Macht fehlt, wirst du dich auch so verhalten. Dein Umfeld wird dir dein Verhalten widerspiegeln und dir entweder mit Mitleid begegnen, dich bekämpfen, ausbeuten oder vermeiden.
Verkörperst du einen von dir festgelegten Avatar, der zutiefst mit seiner Kraft verbunden ist, wird die Welt dich entsprechend mit Achtung und Wohlwollen aufnehmen. Die Welt ist dein Spiegel. Sie ist außerdem biegsam. Alles ist möglich.

»Jede Art von Persönlichkeit ist unecht. Eine gute Persönlichkeit, eine schlechte Persönlichkeit, die Persönlichkeit eines Sünders und die Persönlichkeit eines Heiligen – sie sind alle unecht. Du kannst eine schöne oder eine hässliche Maske anziehen, es macht keinen Unterschied, weil du nicht diese Maske bist. Das einzig Echte ist deine Essenz.«

Als ich früher als Model arbeitete, hing dieser Spruch eines unbekannten Urhebers immer über meinem Spiegel. Bei der Arbeit durfte ich mit der Hilfe von Make-up und Kostümen unterschiedliche Persönlichkeiten verkörpern. Die Arbeit als Model hat Aspekte in mir hervorgebracht, die mir bis dahin verborgen geblieben waren. Das Gefühl, dich durch ein Kostüm anders als üblich verhalten zu wollen, kennst du sicher. Die Frage, wer du bist, ist sehr viel weiter gefächert und flexibler, als du denkst.

Alles, was du über dich denkst, ist in Wirklichkeit eine Maskierung, die du unbewusst über viele Jahre erzeugt hast. Du kannst in Wirklichkeit einfach das Kostüm wechseln. Was du über dich selbst denkst und wie du dich bewegst, ist nichts anderes als die gut eingeübte Rolle, die dir zur zweiten Natur geworden ist. Leider sind einige dieser Rollen lebensverneinend, da sie als Reaktion auf die »feindliche« Außenwelt entwickelt wurden.

Kannst du den Unterschied zwischen deinen unfreiwilligen Programmierungen und den Anteilen in dir, die du bewusst kultiviert hast, ausmachen? Wenn du alles sein könntest, jede erdenkliche Persönlichkeit, was würdest du auswählen?

Beim Ausüben des Nicht-Ich-Konzepts werden sich einige deiner jetzigen Persönlichkeitsanteile nicht ohne Widerstand in den Hintergrund schieben lassen. Das, was du über dich glaubst, geht so tief, dass es große Macht über dich hat. Man kann auch sagen, dass das Nicht-Ich-Konzept dein Ego bedroht, weil es dabei sterben kann. Dein Ego wird sagen: »Nein, das geht doch nicht. Ich bin doch ich. Man kann doch nicht einfach alles über Bord werfen und jemand anderes werden. Das ist doch fake.« Warum also sollte etwas, das sich unfreiwillig geformt hat, echter sein als etwas, das bewusst geformt wird?

Wir wollen gleich mit einer Fantasiereise deinen neuen Avatar kennenlernen. Lass alle Behauptungen darüber, wer du bist, wer du nicht bist, was du erreichen kannst oder nicht, los. Das spielt jetzt keine Rolle mehr. Du kannst das sein, was du sein willst. Du kannst alles sein, ohne dich von deinen Konzepten beeinflussen zu lassen. Um dir den Einstieg zu erleichtern, kann dein Avatar von Menschen inspiriert sein, die du bereits kennst. Menschen, die du beneidest, bewunderst oder respektierst. Oder Menschen, die für dich Perfektion verkörpern.

Mein persönlicher Avatar heißt Dawn. Dawn ist das englische Wort für ‚Sonnenaufgang', ‚Licht' oder ‚der Morgen'. Der Name symbolisiert für mich die Kraft, das Dunkle zu überwinden und das Licht in die Welt zu bringen.

Als ich 2014 mein erstes Buch »Erwarte das Unerwartete« schrieb, brauchte ich nicht nur Inspiration, sondern auch genug Ausdauer. Ich habe mich damals nicht als einen disziplinierten Menschen betrachtet, da ich in meinem Leben vieles, womit ich enthusiastisch begonnen hatte, mit fadenscheinigen Argumenten wieder abgebrochen hatte. Ich sah mich auch nicht als eine Person, die viel zu geben hat. Vor Publikum zu sprechen oder meine Meinung öffentlich zu äußern, war ebenfalls lange mein absoluter Albtraum. Dieses Mal wollte ich mit diesem Kreislauf brechen und habe deshalb das Nicht-Ich-Konzept für mich genutzt.

Den Namen »Dawn« habe ich mir selbst gegeben, um meinem Avatar einen sichtbaren Platz in meinem Leben zu geben. Dawn ist diszipliniert und großzügig. Ihr Hauptbestreben ist es, Licht in die Welt zu bringen, indem sie mir dabei hilft, meine Talente auszuüben, meine Visionen zu manifestieren und für meine Mitmenschen eine Inspiration zu sein. Ohne Dawn hätte ich mir niemals zugetraut, Bücher zu schreiben oder vor einem Publikum selbstsicher zu reden.

Wie du siehst, muss dein Avatar nicht größer als das Leben sein, um dir eine Unterstützung zu sein. Kann er aber. Er kann also einfach bodenständig sein oder ein so hoch entwickeltes Wesen, wie es deine kühnsten Fantasien erlauben.

Bewusstseinsarbeit
Nr. 16

Verkörpere deinen Avatar

Nachfolgend findest du eine geführte Fantasiereise, um dich mit deinem weiterentwickelten Avatar zu verbinden. Falls du noch nie eine geführte Fantasiereise gemacht hast, mach dir keinen Druck, unbedingt etwas sehen oder erleben zu müssen. Sei einfach präsent. Stell dir vor, wie meine Stimme zu dir spricht, und lass dich führen.

Setz dir keine Limits bezüglich des Alters, des Aussehens und der Attribute deines Avatars. Und erinnere dich bitte daran: Das Nicht-Ich-Konzept ist keine kuschelige »Positive-Thinking«-Übung. Dein Avatar muss also nicht nur friedliche Attribute repräsentieren. Wenn du z. B. lernen möchtest, dich besser abzugrenzen, für dich einzustehen oder gegen Ungerechtigkeit vorzugehen, braucht dein Avatar eine gewisse zornvolle Güte. Die Art zornvolle Güte, die eine Löwenmutter braucht, um ihren Kleinen erfolgreich den nötigen Schutz zu bieten.

Das Wichtigste ist, dass du deinen Avatar liebst, dass du ihn in allen deinen ausgewählten Aspekten kraftvoll, schön und rein findest.

Beantworte zu Beginn folgende Fragen schriftlich in deinem Tagebuch. Wenn du deinem Avatar keinen Namen oder neue Form geben willst, sondern nur die inneren Attribute ändern willst, ist das auch völlig in Ordnung. Die Fragen sollen dich dabei unterstützen, deinen Avatar plastischer und klarer zu visualisieren.

- ♥ Wie heißt dein Avatar?
- ♥ Wie groß ist dein Avatar?
- ♥ Wie alt ist dein Avatar?
- ♥ Wie sehen seine Figur, seine Füße, seine Beine, sein Becken und sein Po aus?
- ♥ Wie sind sein Bauch, sein Rücken, seine Brüste, seine Schultern, Arme und Hände beschaffen?
- ♥ Wie sehen sein Gesicht, seine Augen, Nase, Lippen und

Ohren aus?
- ♥ Wie sehen die Haare und die Frisur aus?
- ♥ Was hat er an?
- ♥ Welchen Schmuck trägt er?
- ♥ Welche drei wichtigsten Attribute, die du gern verkörpern willst, sind für ihn bezeichnend?
- ♥ In welcher Form drückt dein Avatar diese Attribute im Alltag aus?

Die Fantasiereise

Begib dich in eine bequeme, aufrechte Meditationshaltung. Sitze wie ein Buddha.

Wir beginnen mit dem Atmen.

Entspann dich und atme tief ein und tief aus.

Bring dich vollständig ins Hier und Jetzt, indem du dein Bewusstsein auf dich, die Empfindungen deines Körpers und den Rhythmus deines Atems bringst.

Du kannst deinen Atem verwenden, um in jeden Teil des Körpers hineinzuatmen.

Atme tief in deinen unteren Bauch hinein. Lass deine Gedanken still und ruhig werden. Während ich mit dir spreche, möchte ich dich daran erinnern, weiter tief in deinen Unterleib zu atmen.

Stell dir vor, du bist mitten in einem leuchtenden grünen Feld. Die Sonne scheint sanft auf deine Haut. Die Vögel zwitschern. Du kannst die reine Luft riechen. Unweit hörst du einen Bach sanft plätschern. Vor dir siehst du einen Weg. Es ist ein Weg, den du bereits kennst. Ein Weg, den du in deiner Fantasie oft gegangen bist. Hier liegt er erneut vor dir. Du machst dich jetzt auf den Weg. Er führt mal nach links und mal nach rechts. Manchmal begegnen dir kleine Hindernisse, die du überspringst. Manchmal sind es große Hürden, die du erklimmst. Der Weg fällt manchmal auch steil nach unten ab und du musst dich an den Pflanzen festhalten, um nicht auszurutschen. Dann wird der Weg wieder ganz flach und gerade und du hast Rückenwind.

Der Weg macht eine starke Linkskurve und geht steil nach oben. Es wird so steil, dass du dich mächtig anstrengen musst, Schritt für Schritt weiterzugehen. Du weißt manchmal genau, wo der Weg entlanggeht, weil du dich erinnerst. Manchmal bist du sehr überrascht, wo dieser Weg dich hinführt. Die Zweifel steigen in dir auf, weil du das Gefühl hast, dich verlaufen zu haben. Aber du weißt, dass du nicht mehr zurückwillst. Du gehst also weiter auf diesem Weg. Dann gibt es einen Tunnel, durch den du hindurchmusst. Es kommt ein Bach, den du überqueren musst. Egal was dir in den Weg kommt, du gehst deinen Weg weiter und weiter. Dein Weg führt jetzt in den Wald hinein, du hast etwas Angst, allein im Wald zu sein, aber dein Mut und deine Neugier sind größer.

Plötzlich kommst du an eine wunderschöne, atemberaubende Lichtung an. Hier wachsen Blumen, die du noch nie gesehen hast. Es sind auch mystische Tiere zu sehen, die friedlich grasen oder durch die Lüfte fliegen. Die Tiere kommunizieren mit seltsamen, wohlklingenden Geräuschen. Das Licht fällt auf eine einzigartige, schöne Art in die Lichtung hinein. Du weißt, dass der Weg sich wirklich gelohnt hat. Du bist froh, dass du nicht aufgegeben hast. Sonst hättest du niemals diese Schönheit erblicken können.

Atme weiter tief ein und tief aus. Mach hier eine kleine genüssliche Pause.

Jetzt musst du deinen Weg weitergehen.

Du siehst unweit des Weges ein Haus mit atemberaubender, überirdischer Architektur. Das Haus kommt dir bekannt vor. Es ist so, als wäre es dein Haus, als sei es nur für dich und deine Bedürfnisse gebaut. Ist das dein Ziel? Dein Zuhause?

Vor dir siehst du das Tor zu deinem Haus. Du begibst dich, ganz aufgeregt, in die Richtung des Tores. Dort angekommen, öffnet sich das Tor automatisch. Du wirst erwartet. Jetzt läufst du die Auffahrt hinauf und siehst das Haus in seiner vollen Pracht vor dir stehen. Du begibst dich zur Tür. Die Tür öffnet sich. Du trittst in einen prachtvoll gestalteten Vorraum ein. Hier siehst du viele Türen zu den verschiedenen Räumen. Jede Tür ist anders gestaltet. Du weißt genau, welche Tür du öffnen willst. Deine Tür zieht dich magisch an. Dein Bauchgefühl sagt dir, dass sich dahinter der richtige Raum für dich befindet. Du gehst hinein. Der Raum ist warm, hell und duftet herrlich. Er ist elegant eingerichtet. Genau so, wie du dir Perfektion und Sinnlichkeit immer vorgestellt hast. Auf einem Stuhl siehst du die Silhouette von jemandem sitzen. Bei näherem Hinsehen erkennst du dich selbst in Form deines Avatars. Das bist du, so wie du dir immer gewünscht hast zu sein. Das ist die positive, ideale Version von dir, die in ihrer Erscheinung, ihrer Aura und ihren Bewegungen alles verkörpert, was du dir im Moment zu sein wünschst. Dein Avatar steht auf und bewegt sich auf dich zu.

Diese Erscheinung ist das Ergebnis aller wertvollen Qualitäten, die du dir so sehr wünschst. Sie ist in ihrer Kraft verwurzelt. Sie hat das, was sie ist, bewusst kreiert. Sie hat alle limitierenden Gedanken über das, was sie nicht sein kann, überwunden.

Sie steht auf und bittet dich mit einer freundlichen Handbewegung, dich ihr gegenüberzustellen. Du schaust sie genau an und bist zutiefst berührt und inspiriert. Was ist es, was du bemerkenswert findest?

Die Erscheinung spricht mit dir und heißt dich willkommen. Bemerke den Ton ihrer Stimme und die Art und Weise, wie sie spricht.

Ihr seht euch tief in die Augen. Es werden elektrische Impulse und Informationen zwischen euch ausgetauscht. Eure Verbindung ist sehr intensiv. Durch diesen Kontakt überträgt dein Avatar dir die Qualitäten, die er in sich trägt. Schau ihm weiter in die Augen und atme tief ein und tief aus.
Was ist es, was dich am meisten an dieser Verbindung beeindruckt?
Wie fühlt es sich an, so zu sein, jetzt wo du diese Attribute selbst in dir trägst?
Nun halte alle diese Qualitäten in dir. Lass sie alle deine Zellen in Besitz nehmen.
Dein Avatar erklärt dir, dass er da ist, um dich bei deiner Lebensreise zu unterstützen. Er fragt dich, ob das dein Wunsch ist. Du stimmst zu.
Er legt seine Hand auf deine Brust. Leg auch du deine Hände auf deine Brust. Dein Avatar flüstert dir etwas ins Ohr. Etwas, das du in diesem Moment unbedingt hören willst.
Atme jetzt in jede Zelle deines Körpers hinein. Spüre nach, wie sich dein Körper anfühlt. Achte auf jede kleine Veränderung.
Such jetzt nach emotionalen Regungen in deinem Körper. Bleib neugierig und erkunde deine Gefühle.

Welche Emotion verbirgt sich jetzt in deinem Hals? Benenne sie.
Welche Emotion verbirgt sich jetzt in deiner Brust? Benenne sie.
Welche Emotion findest du in deinem Solarplexus? Benenne sie.

Leg deine Hände dorthin, wo du eine tiefsitzende Emotion spürst, die Klarheit und Heilung braucht. Atme dort hinein, halte die Luft an und lass mit dem Ausatmen diese Emotion aus deinem Körper herausfließen. Wiederhole dies ein paar Mal.

Spüre die Hand deines Avatars in deine Hand gleiten und behalte den Kontakt zu deinem Körper und zu deinen Emotionen. Dein Avatar sagt deinen Namen und erklärt dir jetzt Folgendes: Dein Körper und deine Emotionen sind deine wichtigsten intuitiven Navigationssysteme. Beachte sie und halte sie im Fokus, wenn du eine Antwort suchst.

Jetzt stell dir folgende Frage und beobachte die Reaktion deines Körpers und die begleitenden Emotionen.
Was genau brauchst du in diesem Moment in deinem Leben?
Was genau musst du tun, um dies zu erreichen?

Geh jetzt mit deiner Aufmerksamkeit noch tiefer und betrachte deine Gefühle aus einer zutiefst friedvollen inneren Haltung.
Sei in diesem Moment der verkörperte Friede und lass alle inneren Bilder und Gefühle zu. Dein Avatar wird vor deinen Augen immer durchlässiger, bis er nur noch aus Licht besteht. Spüre jetzt, wie dein Avatar langsam mit dir verschmilzt. Ihr werdet eins. Deine Augen schweifen noch einmal über den Raum mit seiner eleganten Einrichtung. Du atmest den wohltuenden Duft ein und nimmst die wohlige Atmosphäre in dir auf. Es ist jetzt Zeit zu gehen.
Du verlässt den Raum, wohl wissend, dass du jederzeit willkommen bist. Es ist dein Raum, dein Haus. Hier bist du voller Vertrauen, Weisheit und mit allem vollkommen verbunden. Du gehst jetzt zurück zum Ausgang.

Komm jetzt zurück ins Hier und Jetzt. Atme tief ein und tief aus.

Nutze diese Fantasiereise, wenn du für dein Leben eine Ausrichtung brauchst oder bevor du wichtige Entscheidungen triffst. Erkunde jedes Mal einen anderen Raum.
Von hier aus findest du ständigen Zugang zu deiner Weisheit und alle Antworten auf deine Fragen. Schön, dass es dich gibt.

Dein Status

Du siehst jetzt vielleicht zum ersten Mal die ganze Gesetzmäßigkeit hinter deiner Einsamkeit mit klaren Augen.

Du verstehst, wie die Einsamkeit für dich ein Schlüssel zu deiner nächsthöheren Daseinsstufe werden kann. Durch diese Erkenntnisse verändert sich deine Einsamkeit von etwas, das du unterdrücken und loswerden willst, zu etwas, das jederzeit herzlich willkommen ist. Etwas, womit du gern arbeiten willst. Verbinde dich stets bewusst mit dem Gefühl von Einsamkeit, wenn es in dir auftaucht. Tu ab heute nicht mehr so, als sei sie ein ungebetener Gast. Lade sie stattdessen zu einer Tasse Tee ein. Sie ist da, um dir eine Botschaft über dich und deinen weiteren Weg zu vermitteln. Sie möchte dir dienlich sein, dir nahe sein und vor allem möchte sie dich heilen. Hör ihr also gut zu.

Stell dir jetzt erneut die Frage, ob dein Wunsch nach einer Beziehung mit Mr. Right das ultimative Ziel in deinem Leben sein soll. Ist das immer noch alles, was zwischen dir und deinem Glück steht? Geht es nicht vielmehr um deinen individuellen Prozess der Weiterentwicklung?

Auf unserer Lebensreise geht es um eine stufenweise seelische Entwicklung zurück zur Ganzheit. Dafür bietet dir deine Einsamkeit die nötige Zeit und den erforderlichen Raum. Diese brauchst du dringend, um allmählich anzukommen.

Wenn die Einsamkeit endgültig entweicht, beginnt eine neue Dimension der Verbundenheit. Eine Verbundenheit, die jenseits von Anhaftung und persönlichem Verlangen liegt.

Das Ziel ist es, ein Wesen zu werden, das in Liebe lebt, ohne das schmerzliche Gefühl zu haben, irgendwo anders nach Liebe suchen zu müssen. Die Einsamkeit hat ihre Grenzen. Das Verbundensein hat hingegen keine Grenzen und kein Ende.

Die bloße Idee der Verbundenheit, ohne Ablehnung und ohne Rückzug, zuzulassen, ist das Ende der Einsamkeit, so wie sie bisher war.

Deine Herausforderung

Das Erste, was du ab heute machen solltest, ist, dich nicht mehr zu fürchten und zu verstecken. Zeig dich in deinen neuen Farben. Erkunde das Leben mit deinen neuen Attributen aus dem Nicht-Ich-Konzept. Halte Kontakt zu deinem Avatar und verschmelze immer wieder mit ihm.

Mach es dir zur Gewohnheit, dich präsent und stolz in deinem Körper zu verankern und zu bewegen. Schau deinen Mitmenschen stets in die Augen, wenn du mit ihnen in Kontakt kommst. Verstehe die Spiegelung und such nach Gemeinsamkeiten. Wie du ab heute auch das kleinste Ding angehst, wird für deine weitere Transformation maßgeblich sein.

Wie ist deine Haltung, wie gehst du mit Menschen um, die scheinbar glücklicher, attraktiver, jünger oder reicher sind?
Wie gehst du mit Ablehnung um?
Wer bist du, wenn du dich mit einem Freund oder einer Freundin triffst?
Wer bist du im Restaurant, wenn du dein Essen bestellst?
Wer bist du, wenn du dir Blumen kaufst, und wer bist du, während du deine Rechnungen bezahlst?
Was glaubst du über dich und die Welt?
Was ist deine Gabe (was möchtest du von dir geben)?

Wenn du schon immer eine äußerliche Veränderung vornehmen wolltest, ist jetzt vielleicht der richtige Zeitpunkt. Mach es für dich!

Fang z. B. damit an, dich völlig anders anzuziehen, wenn es deine neuen Attribute unterstreicht. Verändere deine Frisur oder färbe deine Haare bei dem teuren Friseur, den du immer besuchen wolltest. Überdenke deine Ernährungsweise und bring deinen Körper in Bewegung. Zieh an den Ort, der dich schon immer angesprochen hat. Was ist mit deiner Arbeit? Gibt es etwas anderes, was du lieber machen möchtest? Beobachte dein Selbstgespräch. Fordere dich heraus und spring über deinen Schatten. Sei gut zu dir und vertraue dem Prozess.

Das ist deine Herausforderung.

Kompromisslos glücklich: das Finale

Paramahansa Yogananda lehrte: »Du musst dich nach Freiheit sehnen, wie der Ertrinkende sich nach Luft sehnt.« Aber frei sein wovon? Idealerweise sehnen wir uns danach, von unserer eigenen Unwissenheit, Angst, Ärger, Zweifel, Verwirrung und Anhaftung frei zu sein. Mit Anstrengung überwinden wir Hindernisse, die Sklaverei der Sinne, die Knechtschaft des Karmas und die illusorische Natur der Welt. Das ultimative Ziel ist es, das Glück nicht mehr außerhalb von uns selbst zu suchen.

Wenn du online nachrecherchierst, wie du als Single glücklich werden sollst, findest du oft Tipps, die dir dabei helfen, die Zeit bis zur nächsten Beziehung zu überbrücken. Du findest Tipps, die dir nur temporäres Vergnügen zusichern.

Es ist der Gedanke, dass Einsamkeit nur mit einer intimen Beziehung geheilt werden kann, der viele Singles stresst. Es ist der Glaube, dass Liebe für immer hält, wenn du jemanden findest, der um deine Hand anhält. Und wenn du das geschafft hast, bist du fein raus und glücklich.

Unsere Familien und Freunde können uns auch helfen, unsere Einsamkeit für eine Weile zu vergessen. Wir denken aber nie daran, dass auch sie nicht für immer da sein werden. Mütter und Väter sterben und Freunde gehen ihrer Wege. Wie soll dich also eine Beziehung für immer glücklich machen?

Wir alle kennen Frauen, die unglücklich in Beziehungen leben. Wir alle kennen auch Frauen, die in einer Beziehung sind und immer strahlen. Ist es die Beziehung, die die Frau glücklich oder unglücklich macht? Oder ist die Person einfach eine glückliche bzw. unglückliche Person – trotz einer Beziehung?

Es ist nicht die Beziehung mit einer Person, die für dein Glück zuständig ist. Beziehungen definieren dich und deinen Wert als Mensch nicht.

In der Vergangenheit habe ich für meine Beziehungen viel auf mich genommen. Ich habe mit dem Studium aufgehört, habe den Beruf gewechselt, ich habe mein Aussehen verändert und bin sogar wegen der Liebe ins Ausland gezogen. Ich habe alles Äußere verändert. Nur ich bin die Gleiche geblieben. Und was ich daraus gelernt habe, ist, dass es nicht die äußeren Umstände sind, die mich glücklich oder unglücklich machen. Es ist die Art und Weise, wie ich über mein Leben denke.

Es wird nicht besser, in einer Beziehung anstatt in der Einsamkeit zu sein, wenn du deine Sicht auf die Welt und deine Meinungen über dich nicht hinterfragst und bewusst veränderst.

Der beste Zuspruch, den ich dir jetzt zum Abschluss geben kann, ist, dass du dein glücklichstes Leben nur im Bewusstsein deiner Verbindung mit allem lebst. Beginne damit, die Gegenwart und all ihre Lehren zu beachten. Dieser Moment, das, was sich jetzt in dir zeigt, ist dein bester Lehrer. Egal was du gerade erlebst, egal was gerade in deinem Leben passiert – es bietet dir eine Gelegenheit, nach Hause zu kommen. Das Geheimnis, kompromisslos glücklich zu sein, ist, dein Inneres zu lieben. Geh und lebe auf diese Weise dein bestes Leben.

Ich hoffe, dieses Buch konnte dir aufzeigen, wie du als Single aufrichtig für immer glücklich sein kannst.

Kompromisslos glücklich - das Finale

Literatur

[i] Bocksch, René (2020): Einpersonenhaushalte – Großstädte bestehen mehrheitlich aus Singlehaushalten, https://de.statista.com/infografik/21494/anteil-der-einpersonenhaushalte-in-deutschen-staedten, abgerufen am 25.11.2022.

[ii] Sabater, Valeria (2021): Normopathie – Der ungesunde Wunsch, wie die anderen zu sein, https://gedankenwelt.de/normopathie-der-ungesunde-wunsch-wie-die-anderen-zu-sein, abgerufen am 25.11.2022.

[iii] Suchtmittel e.V.: Handy-Sucht, https://www.suchtmittel.de/info/handy-sucht/, abgerufen am 29.11.2022.

[iv] Tenzer, F. (2022): Anzahl der Smartphone-Nutzer in Deutschland bis 2021, https://de.statista.com/statistik/daten/studie/198959/umfrage/anzahl-der-smartphonenutzer-in-deutschland-seit-2010/, abgerufen am 29.11.2022.

[v] Wikipedia (2022): Transhumanismus, https://de.wikipedia.org/wiki/Transhumanismus, abgerufen am 25.11.2022.

[vi] Allione, Tsultrim/ Bast, Tara/ et al. (2008): Feeding Your Demons – Ancient Wisdom for Resolving Inner Conflict, 1. Auflage, Little, Brown Spark, New York City.

[vii] Lipner, Julius (1997): The Bhagavadgītā for Our Times, 1. Auflage, Oxford University Press, Oxford.

Danksagung

Dir Jan, meinem Freund und Begleiter,
möchte ich danken,
dass du stets an mich glaubst.
Egal welche verrückten Ideen
mir vorschweben, du bist immer dazu
bereit, mit mir Pferde zu stehlen.

Ich danke auch allen meinen Freundinnen.
Danke für die nährenden, schönen Stunden,
die wir gemeinsam verbringen.

Nicht zuletzt danke ich auch
Isabelle vom Remote Verlag.
Danke für deine Unterstützung,
deine Geduld und deine Offenheit.
Du warst für mich während dieses Projekts
eine große Inspiration.

Möge all das Gute, das durch dieses Buch entsteht,
grenzenlos werden und zu allen Menschen,
die an ihrer Einsamkeit leiden, hinausstrahlen und
ihnen dauerhaftes Glück näherbringen.

Entdecke
weitere Bücher in unserem
Online-Shop

www.remote-verlag.de